Marlene Streeruwitz versteht es in einzigartiger Weise, die Abgründe der Wirklichkeit auszuloten und in Sprache zu fassen. In ihren neuen Erzählungen schildert sie elf Schicksale, elf Figuren, die eines gemeinsam haben: die Entscheidung, sich ihren äußeren Bedingungen unterzuordnen oder auf einer autonomeren Lebensgestaltung zu bestehen.

Diese elf literarischen Lernstücke finden ihre Fortsetzung auf der Website des Buches (www.marlenestreeruwitz.at), auf der alle Fragen diskutiert werden, die diese elf Geschichten aufwerfen. Auf dieser Webseite wird verraten, wie die Personen ihr Leben weiter gestalteten und welche Überlegungen für sie ausschlaggebend waren. Die Theorie erschließt sich so aus der Praxis, und jenseits von dogmatischen Lösungen lassen sich durch Vielfalt die Räume der Emanzipation neu beschreiben.

Marlene Streeruwitz lebt in Wien und Berlin und ist eine der wichtigsten Stimmen in der deutschsprachigen Literatur. Ihr erzählerisches, dramatisches und essayistisches Werk ist im S. Fischer Verlag und im Fischer Taschenbuch Verlag lieferbar, ebenso ein Materialienband unter dem Titel ›Aber die Erinnerung davon.‹ Marlene Streeruwitz wurde mit zahlreichen Preisen geehrt, zuletzt mit dem Peter-Rosegger-Literaturpreis und mit dem Droste-Hülshoff-Preis.

www.marlenestreeruwitz.at
www.fischerverlage.de

MARLENE STREERUWITZ

Das wird mir alles nicht passieren …

Wie bleibe ich FeministIn.

Fischer Taschenbuch Verlag

Wie bleibe ich FeministIn:

Theoretische Grundlagen, weitere Texte der Autorin sowie das Forum zu diesem Buch finden Sie unter www.marlenestreeruwitz.at

Originalausgabe
Veröffentlicht im Fischer Taschenbuch Verlag,
einem Unternehmen der S. Fischer Verlag GmbH,
Frankfurt am Main, November 2010

Satz: Fotosatz Amann, Aichstetten
Druck und Bindung: CPI – Clausen & Bosse, Leck
Printed in Germany
ISBN 978-3-596-17734-9

Andrea S.

Es war nicht wegen des Sex.

Sie machte ihm keinen Vorwurf wegen des Sex. Aber es war alles sehr schwierig geworden, und die Probleme schleppten sich so unlösbar weiter, weil sie im Bett nicht mehr zueinander fanden und danach dann wieder miteinander lachen hätten können.

Sie trug das Tischtuch durch das Schlafzimmer und breitete es über den kleinen Tisch auf dem winzigen Balkon da. Man konnte auf der Dachterrasse oben nicht essen. Es war zu stürmisch. Aber er tat so, als wären der Sturm und die Hitze von ihr herbeigerufen, damit sie die Dachterrasse verlassen und auf dem kleinen Balkon essen mussten. Es war zu heiß und zu stürmisch. Daran konnte sie doch nichts ändern.

Sie hatte alles wieder hinuntertragen müssen. Teller. Besteck. Gläser. Servietten. Das Tischtuch, das für den kleinen Tisch viel zu groß war und auf dem Boden auflag. Sie schob den Stoff weit unter den Tisch und rückte den Sessel an die Wand. Joachim brauchte Platz.

Er hatte ihr erst nicht geglaubt, dass man oben nicht essen konnte. Er war auf die Dachterrasse heraufgekommen und hatte ihr dann nur murrend recht gegeben. Er hatte sich an den Tisch gesetzt und sagen wollen, dass das doch gemütlich wäre. Ein Windstoß hatte die Serviette aufgewirbelt und das langstielige Weinglas umgelegt. Wozu man nun diesen Aufwand betrieben hätte, hatte er gestöhnt. Wenn man die Dachterrasse ohnehin nie benutzen konnte. Sie seien zu wenig zu Hause, hatte sie gesagt. Man müsse die Gelegenheiten abwarten können und nicht nach einem Terminplan leben müssen. Aber er war schon auf der Wendeltreppe hinuntergestapft und hatte die Metallkonstruktion ins Schwingen und Klirren gebracht. Er hatte sie nicht mehr hören können.

Sie war oben stehen geblieben und hatte in die Ebene hinausgesehen. Es war wenigstens nicht mehr ihre Schuld. Oder es wurde wenigstens nicht mehr gesagt, es wäre ihre Schuld. Zuerst war es ihre Aufgabe gewesen, den Bau der Dachterrasse zu beaufsichtigen. Dann war es ihre Aufgabe geworden, den Dachgarten einzurichten. Sie arbeite schließlich nur 30 Stunden, war gesagt worden. Sie hätte also Zeit. Sie hatte ihre Arbeitszeit in der Klinik auf diese 30 Stunden reduziert, weil sie daneben an einem Forschungsprojekt mitarbeitete und sich damit habilitieren wollte. Darüber wurde nicht gesprochen. Das wurde als ihr Hobby angesehen. Und es stimmte, er arbeitete ununterbrochen und verdiente auch ununterbrochen. Er war stets in Sitzungen und

Komitees und Kongressen und Besprechungen. Gesundheitspolitik bestand aus Reden. In alle Richtungen wurde geredet und vereinbart und wieder neu geredet, weil schon wieder eine neue Entwicklung im Gesundheitsmanagement neue Vereinbarungen erforderte. Er war gejagt von den Neuerungen, die Einsparungen verhießen.

Nach ihren drei Versuchen mit der Dachterrasse hatte er es dann übernommen. Sie hatte es zuerst selbst machen wollen. Sie hatte Bücher studiert. Sie hatte mit anderen Dachgartenbesitzerinnen geredet. Sie hatte im Internet recherchiert. Sie hatte Gartengeräte besorgt. Sie hatte Erde geschleppt. Blumentöpfe gehievt. Sie hatte die Pflanzen hinaufgetragen. Nach zwei Jahren waren alle Rosensträucher, Oleanderbäumchen, Bougainvilleen, die Lorbeerbäumchen und die Wandelröschen ausgedörrt und zerzaust.

Zu viel Wind, hatte der Gärtner gesagt, der dann geholt worden war. In dieser Höhe käme man mit so ehrgeizigen Pflanzen nicht weiter. Sie hatte einwenden wollen, wie viel Wind auf die Oleanderbäume am Gardasee einpeitschte. Sie hatte nichts gesagt. Es ging nicht darum, sich vor diesem Mann zu verantworten. Sie hatte einen schönen Dachgarten haben wollen und deshalb nichts gesagt.

Bambussträucher als Windschutz und Obstbäumchen in Riesentöpfen als Schattenspender und wieder Rosen. Aber diesmal wären es die richtigen Sorten, hatte der Mann bedeutungsvoll gesagt. Es waren dieselben Sorten ausgepflanzt worden, die sie schon eingesetzt hatte. Sie hatte ihre Gartenbücher genau studiert gehabt. Sie war Wissenschaftlerin. Sie hatte Joachim von den Rosensorten erzählt, aber der hatte gesagt, dass dieser Mann doch ein Gärtner sei und schon wissen würde, was er täte. Nach zwei Jahren waren die Bäumchen und Sträucher verkümmert und die Rosen tot.

Der nächste Gärtner ließ Metallzäune errichten und setzte Kletterpflanzen. Clematis, Geißblatt, Kletterrosen, Pfeifenstrauch, Efeu und Baumwürger. Sie waren dann beide lange verreist gewesen. Joachim war auf einem Kongress in Kiel gewesen und sie hatte einen Vortrag in Chicago gehalten. Sie hatten einander in Hamburg getroffen und waren da einige Tage geblieben. Auf dem Dachgarten war die Bewässerungsanlage ausgefallen.

Ob sie die Anlage vielleicht falsch programmiert hätte, war sie dann vom Installateur gefragt worden. Sie hatte nichts gesagt und war weggegangen. Hätte sie dem Mann erklären sollen, was sie den ganzen Tag im Labor tat und wie weit sie die technischen Anforderungen, eine Bewässerungsanlage zu bedienen, hinter sich gelassen hatte. Der Mann hätte ihr nur gesagt, dass man auch zu viel wissen konnte und hätte weiterhin ihr die Schuld gegeben. Der Fehler lag dann an einem Ventil in der Zuleitung, aber niemand sagte irgendetwas Entschuldigendes zu ihr und irgendwie blieb auch diese Zerstörung des Dachgartens ihre Schuld.

Joachim hatte dann übernommen. Sie könne sich zwar habilitieren, aber einen Dachgarten, das schaffe sie nicht. Er hatte es lächelnd gesagt und einen neuen Gärtner beauftragt. Weißer und rötlicher Mauerpfeffer. Polster von Immergrün und fette Hennen aller Art. Eine bunte Wüste war das dann. Sie fand das sehr attraktiv. Sie hätte das von Anfang an machen können. Es war seine Vorstellung gewesen, die Büsche und Bäume und blühenden Rosen und Sträucher zu haben. Sie saß gerne unter dem einbetonierten Schirm und studierte die Pölsterchen von Sukkulenten und 30 verschiedene Steinbrecharten. Saxifraga Arendsii Granulata Paniculata.

Sie schaute diese winzige Vielfalt der Blättchen und Stängel an. Es hatte gelernt werden müssen, wie so ein Dachgarten gemacht werden musste, und sie konnte ruhig zusehen, wie Versuche sich entwickelten. Er wollte Lösungen. Gleich und sofort musste es eine Lösung geben. Das war sein Beruf. Für einen Spitalsverwalter ging es um diese raschen Lösungen. Aber warum hatte er vergessen, wie sie auf der gerade fertigen Dachterrasse gestanden waren und die Richtung der Steinbänke zu bestimmen war. Eine war dann mit Blick auf den Kahlenberg aufgestellt worden, von der anderen konnte man in den Südosten hinaussehen. Er war damals herumgegangen und hatte gesagt, wo er die Rosen haben hatte wollen. Wo die Oleanderbüsche. Sie hatte da noch nichts von Dachterrassen verstanden. Er auch nicht. Es war ein schöner Augenblick gewesen. Die Dachterrasse das gemeinsame Projekt, nachdem die Kinder aus dem Haus waren. Seine und ihre.

Sie hatte das Tischtuch so weit unter den Tisch geschoben, damit er nicht draufsteigen konnte und alles in einer Verwicklung von seinen Beinen im Tischtuch auf den Boden geschleudert wurde. Er war so dick geworden, dass er nicht mehr sehen konnte, was unterhalb seines Bauchs geschah. Sie konnte sich nicht erinnern, wann das mit dem Dickwerden begonnen hatte. Am Anfang war jede Zunahme zu sehen gewesen. Seine Kleidung hatte nicht mehr ausgereicht und sie hatte lange zugesehen. Er war ein erwachsener Mensch und selbst im Gesundheitswesen. Er musste wissen, wie er sich selbst mit diesem Zunehmen behandelte. Sie hatte zuerst gedacht, seine Sekretärinnen sollten ihm die nötigen Hinweise geben. Seine Sekretärinnen waren die Tagesehefrauen. Sie hatten so viel mehr Einfluss als sie. Aber es geschah nichts. Die Hose schnitt in seine Taille und schließlich war es so weit und er konnte sie gar nicht mehr schließen. Als er die Hose seines Abendanzugs mit einem schwarzen Schuhband zusammenhalten wollte, konnte sie nicht länger zusehen. Sie wollte den Abend absagen und ein Gespräch führen. Sie hatte besprechen wollen, was es bedeutete, dass er sich seinen bisherigen Kleidern entzog, als wolle er ihnen entwachsen. Sie hatte besprechen wollen, was es bedeuten konnte, dass er sich selbst so vergrößern musste. So ausweiten. Aber er bestand darauf, auszugehen. Es blieb bei dem schwarzen Schuhband, das die Hose zusammenhielt. Es war eine chirurgische Maßnahme gewesen, wie er diese Hose zuschnürte. Der Kummerbund verbarg die Konstruktion, aber er durfte nichts trinken. Er hatte die Verschnürung so gemacht, dass er sie nur mit einem Schnitt wieder öffnen konnte, wenn er pinkeln hätte wollen. Sie waren sehr bald von diesem Sommerball des Rotary Clubs Wien-Mitte Punkt zurückgekehrt. Er war fröhlich gewesen und hatte nur besprochen, wie er seinem Umfang ein Schnippchen geschlagen und es doch geschafft hatte, im Smoking auszugehen. Sie hatte darüber reden wollen, wie stark er sich verändert hatte und dass er doch wissen musste, dass man seinem Umfang kein Schnippchen schlagen konnte.

Eine Zeit ging sie dann für ihn die Kleider einkaufen. Er hatte sich geweigert zuzugeben, dass ihm nichts mehr passte. Sie hatte die Hosen austauschen müssen. Als er dann in ihr Arbeitszimmer kam und ihr triumphierend zeigte, dass ihm diese Hose sehr wohl passte und dass sie einsehen müsste, dass sie mit ihrem Keifen über sein Gewicht vollkommen unrecht hätte. Sie war gerade von einem Gespräch mit dem Institutsvorstand am Allgemeinen Krankenhaus gekommen, der ihre Forschung nur veröffentlichen wollte, wenn er als Wichtigster über dem Artikel angeführt würde. Sie war dagesessen und hatte den Satz im Kopf »Frau Kollegin, Sie wissen, dass Sie ohne mich keine Chance haben.« Sie hatte gewusst, wenn sie das Joachim erzählte. Er würde mit den Achseln zucken und sagen, dass sie doch wissen müsse, wie die Welt funktioniere. Sie hatte sich verlassen gefühlt. Nicht unterstützt. Und der Mann. Sein Triumph über sie und ihr Keifen. Sie hatte es ihm gesagt. Ruhig. Sie konnte sich erinnern, dass sie es ihm zwar sagen hatte müssen, dass diese Hose Größe 60 war und nicht seine alte Größe 52. Aber sie hatte es ihm ruhig gesagt. Genervt, aber ruhig.

Es war da schon alles sehr schwierig geworden. Der tägliche Sex war sowieso irgendwann aufgegeben gewesen und am Wochenende wollte er überhaupt seine Ruhe. Sie hatte getrennte Schlafzimmer vorgeschlagen. Es gab genug freie Räume und er hatte wirklich laut zu schnarchen begonnen. Er ließ ein Ankleidezimmer aus dem Zimmer ihres Sohns machen und stellte ein Fitnessgerät auf. Das Fitnessgerät wurde zu einer Kleiderablage. Als Fitnessgerät war es nie benutzt worden.

Die Kleiderfrage war dann doch gelöst worden. Es gab Schneider, die sich auf diese neuen Ausmaße spezialisiert hatten, und irgendeiner der Sitzungskollegen hatte ihm dann einen Tipp gegeben. Er sah imposant aus. Die zeltförmigen Sakkos waren so geschickt geschnitten, dass er in Ruhe darunter zunehmen konnte. Es gab immer eine nächste Zeltgröße und er war längst nicht der Einzige. Immer wieder traf sie in seiner Umgebung auf Männer wie ihn, die ihre Fresssucht so geschickt kleiden konnten. Diese dicken und sehr dicken Männer hatten nie dicke Frauen. Die Frauen waren höchstens das, was zur Zeit ihrer Mutter vollschlank geheißen hatte. Einer Frau wäre ein solches Dickwerden nicht möglich gewesen oder sie wäre verlassen worden. Deswegen. Da war sie sicher. Wenn dieser ungeheuerliche Umfang ihr Problem gewesen wäre, Joachim hätte sie irgendwohin geschickt, sich darum zu kümmern, und wenn das nichts geholfen hätte, er hätte sie ganz einfach nicht mehr mitgenommen. Joachim hätte sich dann bei gesetzten Essen neben das Fräulein Weiser setzen lassen. Diese Frau bestand auf der Anrede »Fräulein«. Bei jeder männlichen Person, die das Fräulein Weiser kennenlernte, konnte sie mit verdrehten Augen erklären, dass sie damit nur die Wahrheit sagen wolle. Sie sei eben ein »Fräulein« und sie wolle nichts Falsches behaupten.

Ihr war das Fräulein Weiser von Joachim vorgestellt worden und er hatte die Erklärung des »Fräulein« gleich mitgeliefert. Das Fräulein Weiser wäre eines der so seltenen Exemplare einer wahrheitsliebenden Person und bestünde deshalb auf dieser Anrede. Sie hatte gerade angesetzt zu fragen, ob es sich bei der Bezeichnung »Fräulein« um ein Geständnis der sexuellen Unschuld oder der gesellschaftlichen Stellung handle. Sie wollte fragen, ob sich kein Mann gefunden hatte, die Unschuld zu rauben oder war sie nur von keinem Mann bisher geheiratet worden. Joachim hatte sie rasch weitergezogen und ihr zugezischt, dass dieses Fräulein Weiser sehr wichtig wäre. Sie mache die Termine des Clubobmanns seiner Partei, und wenn er etwas erreichen wolle, dann müsse man das Fräulein Weiser ernst nehmen. Er erbitte sich den gebotenen Respekt. Er hatte sie zum Buffet gezerrt und begonnen, Shrimpscocktail auf einen Teller zu laden. Sie hatte ihn angesehen. Er war rot im Gesicht gewesen. Er war wütend auf sie. Er schlug mit dem Löffel auf die Platte mit dem Shrimpscocktail ein und er hatte gleich einen großen Teller für die Vorspeise genommen. Sie hatte sich wegdrängen lassen und war auf die Terrasse hinausgegangen. Sie konnte kaum noch essen. Wenn er neben ihr aß, dann verschnürte sich ihr die Kehle. Auf der Terrasse traf sie auf das Fräulein Weiser, die mit einem Parteikollegen von Joachim schmuste. Sie war wieder in den Saal gegangen und da hatte sie die Ehefrau des Mannes getroffen, der gerade mit dem Fräulein draußen beschäftigt war.

Sie hatten dann lange miteinander geredet. Diese Frau war eine Marketingspezialistin und Vizepräsidentin der Niederlassung einer internationalen Agentur. Diese Frau hatte gleich über sie gelacht und sie gefragt, ob sie ihren Mann mit dem Fräulein Weiser gesehen hätte. Ob sie denn nicht wüsste, dass jeder mit dem Fräulein Weiser herumschmusen müsste. Das wäre eben die Umkehrung. Früher hätten Männer die Frauen belästigt, jetzt müssten die Männer auch herhalten. Ob sie das denn störe. Sie hatte den Kopf geschüttelt. Es war die Wahrheit so. Es hätte sie nicht gestört. Aber sie wollte Joachim nicht mehr neben sich haben.

Er war dann so betrunken gewesen, dass sie ihn nur mit Hilfe des Taxifahrers in die Wohnung hinaufbringen hatte können. Der Taxifahrer war freundlich besorgt gewesen und hatte sie an der Tür fragend angesehen. Sie hatte ihm ein sehr großes Trinkgeld gegeben. Sie könne das allein. Der Mann hatte sich noch einmal umgedreht. Hätte sie ihm sagen sollen, dass Joachim nicht gewalttätig wurde, wenn er so viel getrunken hatte. Er wurde eher anhänglich und wollte aus seiner Kindheit erzählen. Sie hatte dann das erste Mal in ihrem Arbeitszimmer geschlafen. Joachim wälzte sich im betrunkenen Schlaf über das ganze Doppelbett und das Schnarchen wäre selbst mit Ohrstöpseln sehr laut zu hören gewesen.

Sie hatte den Tisch gedeckt. Er kochte. Sie war froh, einen Abend zu Hause sein zu können. Er kochte gut. Wenn er selbst kochte, aß er nicht so viel. Wenn er selbst kochte, dann war seine Portion normal. Sie würde selber essen können. Sie würde mit ihm essen können.

Er hatte sie natürlich verlassen. Sie musste stehen bleiben und den Gedanken wiederholen. Er hatte sie verlassen. Längst hatte er sie verlassen. Mit jedem Zentimeter seines Umfangs hatte er sich von ihr entfernt. Er hatte sich von ihnen entfernt. Von ihnen als Paar, das miteinander essen und trinken konnte, und der Sex war so selbstverständlich daran gebunden gewesen. Leben. Das Leben selbst hatte sich darin ausgedrückt. Essen und Trinken und Sex und Reden und Lachen und jeden Tag anders. Er hatte sich mit dem Essen aus diesem Leben geflüchtet und manchmal mit dem Trinken, und der Sex war zu einer Dienstleistung geworden. Ihr Sex war zu einer Dienstleistung an ihm geworden.

Sie stand vor dem Bett. Sie hörte ihn kommen. Sie trat zurück. Sie hielt die Flasche in der Hand. Er trug die Teller. Er hastete mit den vollen Tellern durch das Schlafzimmer. Er stellte die Teller auf den Tisch und setzte sich. Er ließ sich in den Gartensessel fallen und lehnte sich zurück. Er schob seine Beine unter den Tisch. Er stieg in das viel zu lange Tischtuch. Wie sie es sich gedacht hatte und deshalb die Falten des Tischtuchs so weit unter den Tisch geschoben. Er zog die in den Stoff verwickelten Beine gegen den Widerstand des Stoffs wieder zurück. Die tiefen Falten des schweren Damasts ballten sich zwischen seinen Füßen. Er wollte sich davon befreien und schleuderte den Stoff mit kleinen scharfen Bewegungen von sich weg. Die Weingläser fielen um. Der eine Teller wurde an den Tischrand gezogen. Er hob seinen Teller hoch und begann unter dem Tisch gegen das Tischtuch zu treten. Zu strampeln. Er saß mit seinem Teller hochgehalten und strampelte gegen den schweren Stoff. Sie stand am Bett und sah ihm durch das große Glasfenster auf den Balkon zu. Er schaute besorgt auf seinen Teller, während er mit zappelnden Tritten das Tischtuch von sich stieß. Sie stellte die Flasche auf ihrem Nachtkästchen ab und eilte auf den Balkon. Sie verschob beim Weggehen das Buch unter der Lampe auf dem Nachtkästchen. Das Buch stieß an die Lampe. Die Lampe schwankte gegen die Flasche.

Als sie sich an der Tür zum Balkon umdrehte, lag die Flasche im Ehebett und der Rotwein sickerte in die weißleuchtende Tagesdecke.

Christian F.

Es war nicht wegen des Geldes.

Er stand in der Ecke des Empfangssalons der Botschaft und hielt sein Glas.

Es war nicht wegen des Geldes. Sie verdiente ja genug. Bettina verdiente mittlerweile ganz gut und sie bekam auch noch alle diese Zulagen im Auslandsdienst. Er war bei ihr mitversichert. Es gab keine Geldsorgen. Es gab keine Geldsorgen für die Familie. Er selber. Er benötigte nichts. Er war sogar eher geniert, wenn sie mit ihm ging und wieder ein ordentlicher Anzug gekauft werden musste. Er sollte gut aussehen.

Bettina war das wichtig. Sie wollte bei den Botschaftsempfängen auf ihn weisen können und sagen, dass das ihr Mann sei. Das sei ihr Mann, und dann wollte sie ihm lächelnd zunicken und weitergehen und mit dem Nächsten reden. Das war ihr Job. Sie machte das gut. Er konnte sehen, dass sie das gut machte. Sie glitt durch die Menge und schaute sich um. Sie machte das freundlich. Die Männer hielten Ausschau und stürzten sich auf die gewünschten Gesprächspartner. Bettina schwamm auf ihre Zielperson zu und hielt vor ihr ein. Es lächelten auch alle. Er sah ihr zu und musste selbst lächeln. Bettina war eine strahlende Person. Alle mussten lächeln, wenn Bettina neben ihnen auftauchte, und alle wandten sich ihr vollkommen zu.

So wie er. Er war diesem Auftauchen ja auch verfallen. Sie war zu ihm in die Werkstatt seines Vaters gekommen und war dann so auf einmal neben ihm gestanden, und er hatte sie immer schnell hinausgeführt, damit sie nichts von dem Holzstaub in die Augen bekam. Da waren sie allein gewesen. Da hatte er nicht sehen können, dass sie sich für jede Person so interessierte. Er hatte da in der Werkstatt in Sandl den Vergleich nicht gehabt. Er hatte in der Werkstatt da denken müssen, ihr gesamtes Interesse gelte seiner Arbeit.

Wenn er in dem von ihr ausgesuchten italienischen Anzug bei den Empfängen dastand und einer von den Botschaftsleuten sich zu ihm stellte und seinem Blick auf sie folgend sagte, dass ja nun in allernächster Zeit Bettinas erster Botschafterstellvertreterposten zu erwarten wäre. Er nickte dann lächelnd und nahm einen Schluck. Er trank Wasser. Er musste immer noch mit dem Auto fahren und Elise abholen. Die war mittlerweile bei Freundinnen oder bei einer von diesen Verpflichtungen. Reiten. Violine. Chinesisch. Bridge. Elise musste alles lernen. Bettina wollte, dass Elise nicht diese Einschränkungen erleben sollte, die sie selbst aus Sandl mitgebracht hatte. Bettina hatte alles nachgelernt. Er lernte von den notwendigen Sprachen auf ihrer Wanderschaft den Alltagsteil. Er konnte einkaufen. Mit dem Kind lebten sie immer in Wohnungen und nie in den Botschaften. Die meisten anderen Frauen und die jungen Männer wohnten in der Botschaft mit, bis sie hoch genug hinaufgekommen waren. Sie hatten von Anfang an außerhalb gewohnt. Er war mit dem Baby Elise in die Botschaft gefahren und hatte sie Bettina zum Stillen gebracht. Am Anfang alle 3 Stunden. Aber sonst hatte Bettina Intimität haben wollen. Nicht wieder eine dieser Riesenfamilien wie ihre in Sandl, in die sie sich einordnen hätte müssen.

Bettina hatte eine eigene Wohnung haben müssen. Für ihn hatte das geheißen, mit dem Kind allein in nie richtig eingerichteten Wohnungen zu leben. Das hatte ihm nichts gemacht. Er dachte, dass ihm das nichts gemacht hatte. Die Arbeit war ihm abgegangen. Die Werkstatt. Die Maschinen. Die Geräte. Der Staub. Der Lärm. Das Holz. Der Geruch. Und wie das Holz in der Hand lag. Wie er es immer glatter machte und die Maserung herausholte. Wie er es in die Form schob. Er hatte mit den Kollegen in der Designklasse an der Angewandten sowieso nie darüber reden können, was Holz für ihn war. Die konnten sich das nehmen. Die bauten das Holz ab. Die schnitten hinein und schnitten weg und schnitten zurecht. Er schob. Er konnte es nicht anders denken. Er schob das Holz zurecht. Er musste lange nachdenken, wie er dieses Schieben bewerkstelligen konnte. Er konnte nicht schneiden. Er hob das Holz in die Form. Er dachte sich mit dem Holz gemeinsam die Form zurecht. Er konnte keinem Plan folgen. Er musste dem Holz folgen und er war so weit gekommen darin. Er hatte in dieser Werkstatt von Maître Jacques in der Rue de la Crimée eine Ecke gemietet und wieder begonnen.

Bettina war nie da gewesen. Sie hatte ihn angesehen und gelächelt. Sie wollte, dass es ihm gut ging. Er wusste, dass sie das Beste für ihn wollte. Er wusste, sie war dankbar. Er wusste, dass sie wusste, dass das alles nur funktioniert hatte, weil er Elise übernommen hatte und er wusste, dass dieses Wissen sie mittlerweile ungeduldig machte. Elise war 9 Jahre alt. Sie konnte auch ohne ihn auskommen. Ein Au-pair-Mädchen. Eine Nanny. Der Haushalt würde in Zukunft vom Botschaftspersonal erledigt werden. Wenn Bettina den Posten bekam, dann musste sie diesen Teil organisieren. Er würde den Alltag entlangführen. Er würde ihr die Fehler berichten können. Das war keine gute Rolle. Aber er konnte sich auch nicht vorstellen, dem Personal des Haushalts vorzustehen. Die Hausfrau zu sein und zu bestimmen, welche Canapés zu den Cocktails serviert werden sollten. Ein unverheirateter Botschafter hatte dafür die

Botschaftssekretärin, die wiederum eine Frau anstellte, die das erledigte. Er wäre dann eigentlich diese Frau. Letzten Endes würde er diese Frau sein müssen.

Er konnte das alles gar nicht. Er konnte gesunde Mahlzeiten für Elise auf den Tisch stellen. Er konnte für sie alle gesundes Essen produzieren. Er konnte eine Wohnung in Ordnung halten. Er konnte ein Kind betreuen. Das hatte er sich alles beigebracht. Er hatte sich erinnert, wie seine Mutter das zu Hause in Sandl gemacht hatte und hatte das auf die verschiedenen Orte übertragen. Den Haag. Vilnius. Und jetzt Paris. Canapés hatte es in Sandl nicht gegeben. Man konnte das alles mitlernen, aber die Botschaftsleute wollten das gar nicht. Er war dieser stille Mann, der das Baby zum Stillen in die Botschaft gebracht und das Kind dann wieder mitgenommen hatte. Alle fanden das großartig. Der Botschafter in Den Haag hatte geglänzt vor Begeisterung, wenn er damit prahlte, dass in seinem Büro die Geschichte mit dem Geschlecht und den Kindern überhaupt keine Rolle mehr spielte. Der Mann von Bettina brachte das Baby und sie stillte das Kind während der Bürozeiten. Sie arbeitete voll und von allen bewundert. Er war der Transporteur dieses Kindes und alle mochten ihn, geachtet war er da nicht worden. Man hatte sich nach dem Kind bei ihm erkundigt. Sonst hatte es kein Gesprächsthema gegeben. Niemand interessierte sich dafür, was er beruflich machte. Wie er das alles bewältigte. Wie er mit der Einsamkeit auskam. Wie er sich das Know-how verschaffte, den Kinderalltag zu bewältigen. Der Botschafter hatte ihm die Hand gedrückt und war weitergelaufen, und er war am Anfang zu den Damenprogrammen für die Gattinnen eingeladen worden. Am Anfang konnte er wegen Elise nicht und dann waren die Einladungen nicht mehr gekommen. Bettina hatte auch gefunden, dass das nichts für ihn wäre.

Er war herumgegangen. Er hatte dann Zeit gehabt. Elise war in die Kinderkrippe gekommen. Der Haushalt war weniger zeitraubend geworden. Er hatte das alles irgendwie gelernt gehabt und Bettina war ohnehin kaum zu Hause. Er war herumgegangen. Zuerst hatte er versucht zu lesen. Aber die Wohnung in Den Haag hatte sehr niedrige Decken gehabt. Mit dem Fahrrad konnte man gut weiterkommen. Aber genau schauen, das war beim Gehen am besten möglich. Er hatte alle Wohnzimmer in Den Haag studiert. Er war die Gassen entlanggegangen und hatte in alle Wohnzimmer geschaut und studiert, wie da gelebt wurde. Er hatte sich dann ein zweites Kind gewünscht. Oder gleich noch zwei. Er hatte es geselliger haben wollen. Für Elise und sich. Er hatte gedacht, dass es sich dann lohnen würde. Ein Wohnzimmer, in dem die Unordnung von drei Kindern und von ihm Platz haben könnte, würde sich irgendwie besser auszahlen. Er hätte dann in ein Haus in den Vororten ziehen wollen und einen Garten dazu haben. Die drei Kinder hätten Lärm gemacht und hätten in alle Richtungen gebracht werden müssen. Die drei Kinder hätten andere Kinder ins Haus gebracht und Pizza essen wollen statt seiner vegetarischen Suppen.

Es war schon richtig gewesen von Bettina, kein Kind mehr haben zu wollen. Er konnte das ja jetzt sehen. Die Mütter der Freundinnen von Elise ließen ihre Töchter nicht so gerne zu ihnen kommen, wenn Bettina nicht auch da war. Den Müttern aus der deutschen Schule war es ein bisschen unheimlich, dass ein Mann auf ihre Kinder aufpassen sollte. Sie betonten immer, dass sie es toll fänden, dass ein Mann die Kinderbetreuung übernommen hätte, aber in Wahrheit waren sie misstrauisch.

Bettina machte das wütend. Er durfte dieses Thema gar nicht ansprechen. Sie konnte dann einen richtigen Zornanfall bekommen und er musste sie zurückhalten, keine dieser Frauen anzurufen und zur Rede zu stellen. Er war sicher, dass diese Frauen gar nicht wussten, dass sie ein Vorurteil gegen ihn hatten. Nicht gegen ihn persönlich. Gegen ihn als Hausmann. Und sie hatten ja auch recht. Er hatte dieses Verhältnis mit der Mutter von Janine angefangen. Er hatte Bettina mit dieser Frau betrogen. Er konnte nur den Kopf schütteln, wenn er daran dachte. Er konnte die Aufregung nicht mehr verstehen. Er stand da und trank einen Schluck Wasser. Er musste sich da sehr selbst bemitleidet haben. Zu der Zeit. Er hatte sich von Elise vor der Schule verabschiedet und war mit der Mutter von Janine zu der nach Hause mitgegangen. Ruhig und selbstverständlich war das gewesen. Als wären sie miteinander verheiratet und würden die Abwesenheit des Kindes nützen. Jeden Tag. Lange. Monatelang. Eine Morgenehe. Sie besprachen nichts. Sie machten es. Tranken Kaffee und sie gingen beide ihrer Wege. Er war dann wieder herumgegangen. Das war am Beginn der Pariser Zeit gewesen. Er hatte dann die Wohnung hergerichtet. Er hatte ausgemalt. Gezimmert. Er hatte eine Küche eingebaut und hatte auf die Baumärkte fahren müssen und Material und Werkzeug besorgen. Leicht war das gewesen. Erleichtert. Versorgt. Irgendwie hatte er sich gut versorgt gefühlt, wenn er den Tag nach dem Besuch bei Janines Mutter ausfüllte. Er sah in sein Glas. Es war fast leer. Er konnte sich gar nicht erinnern, wer da begonnen hatte. Er hatte noch fast gar kein Französisch gesprochen.

Er wusste natürlich, dass er sich nicht erinnern wollte. Während er dastand und dem Treiben des Empfangs zum österreichischen Nationalfeiertag zusah, wusste er auch, dass er sich damit aus der Schuld stahl. Wenn er nicht wusste, wie diese Geschichte begonnen hatte. Wer damit angefangen hatte. Wer welche Signale wie aufgefasst. Wer wem was bedeutet hatte. Wenn er all das im Dunkeln ließ, dann war das, was danach geschehen war. Dann war das nicht so bedeutsam. Eine Erleichterung war ja auch, dass sie es immer gleich gemacht hatten. In einer immer gleichen Abfolge der Bewegungen und Berührungen. Routine von Anfang an. Er wusste nicht einmal, wessen Routine das gewesen war. Ihre, wahrscheinlich. Wahrscheinlich machte sie das so. Aber sicher konnte er das nicht sagen. Er wusste nicht, ob er der Einzige gewesen war oder ob er in einer Kette von solchen Verhältnissen eingeordnet worden war. Wie war er da verbucht. L'autrichien. Oder als Tischler. Aber wahrscheinlich wusste sie das gar nicht. Le père d'Elise. Das war am wahrscheinlichsten. Nicht sein Name. Nicht sein Beruf. Er war der Vater von Elise.

Würde Elise Schaden nehmen, wenn er jetzt nicht mehr mitkäme. Meistens nahm er an, dass er ihr nicht einmal fehlen würde. Ein Internat. Oder das Au pair. Elise hatte ja immer ihre Mutter. Ihm selbst erschien das als das Wichtigste. Er war auch wichtig. Aber er war eben nur auch wichtig. Oder redete er sich etwas ein.

Er sah sich um. Die Botschaftsleute. Die Berufskollegen und Kolleginnen von Bettina. Sie würden sich eher bestätigt sehen. Dass so etwas ja doch nicht gutgehen könne, würden sie sagen. Die Bettina Hausmacher. Die habe es eben probiert. Und lange wäre es ja gutgegangen. Er würde sogar mit Sympathie rechnen können. Es würde Leute geben. Er dachte, es würden eher die Frauen sein. Sie würden sagen, dass ein Mann. Ein richtiger Mann. Dass ein Mann doch in seinen Beruf gehöre und nicht ins Kinderzimmer.

Er trank einen Schluck Wasser. Er musste mit einem Anwalt sprechen. Er wusste gar nicht, wie er dastand. Bettina würde sich scheiden lassen wollen. Sie würde es nicht akzeptieren, dass er in Paris bleiben wollte und weiter arbeiten. Sie würde sagen, dass es doch überall Werkstätten und Holz gäbe. Sie würde es ihm nicht glauben, dass es um den Ort da ging. Um das Licht, das durch die Hinterfenster in den Raum glitt. Um die Stille im Raum. Es gab Augenblicke, da glaubte er es sich selbst nicht. Warum sollte es nur dieser Raum sein können. Warum nur diese Person, die im Nebenraum vor sich hin werkte. Alt und grimmig und nie freundlich. Manchmal dachte er, es müsse doch möglich sein, diese Fröhlichkeit. Dieses perlende Vergnügen beim Anlegen der blauen Tischlerschürze auch anderswo auslösen zu können. Aber wenn er dann dort stand und tief Luft holte und sich umsah, wie er seinen Arbeitstag beginnen sollte. Es war eindeutig. Es ging nur da. Jetzt einmal ging es nur da.

Vielleicht waren es ja auch nur Gerüchte, dass Bettina versetzt werden sollte. Und wenn sie versetzt wurde. Der Umzug wurde nicht gleich notwendig. Er konnte mit Elise das Schuljahr hier beenden. Da war es lange hin. Er konnte Elise sehr gut allein versorgen. Sie würden ein wunderbares Leben zusammen haben. Es wäre nicht gut für das Kind. Er sagte sich das vor und wusste gleich nicht mehr, warum das so sein sollte. Er hatte es doch bisher gut gemacht. Warum sollte das nicht weitergehen. Warum sollte er nicht beides haben. Die Familie und den Beruf. Sollte nicht Bettina einmal etwas beitragen. Zwei Jahre länger in Paris. Es war immer klar gewesen, dass mit ihrem Beruf eine Familie sich auf schwierige Lösungen einrichten musste. Elise jetzt schon in ein Internat. Er konnte die Miete für die Werkstatt bezahlen und irgendwann dann.

Ein Kellner kam vorbei. Er stellte sein leeres Glas auf das Tablett und nahm ein volles.

Nein, er trinke nur Wasser. Er stand wieder da. Bettina ging gerade durch eine Tür in einen Nebenraum davon. Er sah ihr nach und nahm einen Schluck vom frischen Eiswasser. Er fühlte, wie alle Muskeln sich anspannten und ein ekelhaft leerer Raum in seiner Mitte entstand. Er musste mit ihr reden. Sie mussten miteinander reden und er musste einen Termin mit ihr ausmachen, der nicht von einem anderen Termin gleich begrenzt wurde. Bis Weihnachten gab es keinen Abend oder ein Wochenende, an dem nicht irgendeine Verpflichtung ein Gespräch begrenzen würde.

Wenn er aber nicht gleich mit ihr sprach. Sie würde ihre Entscheidungen treffen. Sie würde annehmen, dass alles so weiterging wie bisher. Und sie waren glücklich. Es gab für sie keinen Grund anzunehmen, dass nicht alles so weiterging wie bisher. Er war nicht unglücklich. Er wollte nur wieder arbeiten und es war ja nur, dass er es in dieser Werkstatt tun wollte. Es war ja nur, dass er wusste, dass er wunderschöne Möbel anfertigen würde. Gegenstände. Er hatte eine Unmenge von Schatten in seinem Kopf, die auf die Ausführung warteten. Jeder Schatten zum richtigen Holz. Wegheiraten, fiel ihm ein. Er wollte diese Schatten aus seinem Kopf in das Holz wegheiraten. Wenn er es Kunst nennen würde, sie würde Verständnis haben. Wenn er seine Arbeit Kunst genannt hätte, sein Leben wäre anders verlaufen. Aber er konnte das nicht und es war ihm peinlich genug, wenn sie seinen Ingenieur so betonte.

Es war ein Fehler. Er stand da und schaute auf die Tür, hinter der sie verschwunden war. Es war ein Fehler, diese Bezeichnungen abzulehnen. Es wäre allen das Leben leichter gemacht. Für Kunst. Da hätte sie Konzessionen machen können. Das konnte man sagen. Mein Mann ist Künstler, und Sie wissen ja, wie Künstler sind, und deswegen müssen wir in Paris bleiben. Er hätte die 3 Ks in Kind, Küche und Kunst verwandeln müssen und alles wäre einfacher geworden. Aber er war ein Handwerker. Er war ein gebildeter Handwerker. Das vielleicht, und er wusste, dass sie sagte, dass er eigentlich Kunst machte. Aber sie sagte das hinter seinem Rücken und er konnte das nicht dulden. Er musste wenigstens die Bezeichnung von sich selbst behalten. Wenn sie sich scheiden ließ. Er dachte, dass er wenigstens die Krankenversicherung bekommen musste und einen kleinen Unterhalt. Das war ihm recht. Nur Elise. Wie konnte er jeden Tag in die Rue de la Crimée gehen und seine kleine Elise nicht verlieren.

Er ging durch den Raum auf die Tapetentür zu, durch die Bettina davongegangen war.

Marianne M.

Es war nicht wegen des Schmerzes.

Es war nicht, weil der Schmerz mit ihm zu tun hatte. Weil der Schmerz mit ihm zu tun haben musste. Es war der Schmerz, der immer schon dagewesen war und am Anfang hatte sie den Schmerz mit Liebe verwechselt und gedacht, dass das so sein müsse. Sie hatte gedacht, dieses Gefühl am Grund ihres Atmens wäre ein Symptom der Liebe. Sie hatte diesen Druck deswegen gemocht. Damals. Und jetzt. Der Schmerz war die Grundlage geworden. Mittlerweile war der Schmerz die Grundlage von allem. Ihr Fühlen. Ihr Denken. Ihr Atmen. Immer lag sie in diesem Schmerz. Ja, der Schmerz machte sie erst darauf aufmerksam, dass sie fühlte, dachte und atmete. Dieser Schmerz machte ihren Lebensrest aus.

Es war, wie er sich auf das Bett setzte. Es war, wie er sich in ihren Schmerz drängte.

Er setzte sich auf den Rand des Bettes und ließ sein Gewicht auf die Matratze fallen. Er setzte sich nicht vorsichtig oder langsam. Er setzte sich nicht behutsam, und am besten wäre es ohnehin gewesen, er hätte sich auf den Sessel gesetzt. Auf den Sessel am Fußende des

Bettes, so dass sie den Kopf nicht bewegen musste und die da sitzende Person gerade vor sich ansehen konnte.

So wie er sich auf den Bettrand setzte, musste sie ihm den Kopf zudrehen und sich gegen das Abrutschen stemmen. Gegen das Abrutschen auf ihn zu. Diese Bewegungen. Dieses Bewegen-Müssen. Da kamen die Schmerzen und sie konnte in dem Augenblick nicht einmal aufseufzen. Sie musste mit den Kräften haushalten. Sie konnte nicht mehr aufseufzen und sich zur gleichen Zeit gegen dieses Abrutschen stemmen.

Er beugte sich dann über sie. Kurz. Dann sah er von ihr weg vor sich hin. Er saß auf ihrem Bett und sah auf den Boden neben dem Bett oder auf das Nachtkästchen. Er starrte die Medikamente da an und sie musste seine Gegenwart in ihren Schmerz einbauen, um nicht die Schmerzen haben zu müssen. Sie musste tief in den Schmerz atmen, um nicht die vielen Teile der Lunge zu Wort kommen zu lassen. Ein nadelstichiges Rasen und der Schock so groß, keinen Ton herausbringen hätte können und was hätte sie auch antworten sollen auf sein »Wie geht es«.

Er fragte ja auch gar nicht. Er ließ sich auf ihr Bett fallen, um diese Bemerkung zu machen. »Wie geht es.« Er ließ sich auf ihre Seite des Ehebetts fallen. Seine Seite benutzte er ja seit jeher nicht. Von seiner Seite des Ehebetts hätte er sie gar nicht erreichen können. Er hätte sich neben sie legen müssen und im Liegen mit ihr reden. Aber dann hätte er im Liegen ihr Liegen begreifen müssen.

Sie dachte, es war zu sehen. Sie konnte es in allen Gesichtern von allen anderen Besuchern sehen. Die Tochter. Der Sohn. Ihr Schmerz spiegelte sich in deren Augen und sie bemühte sich, ihnen weiterhin ihre Schmerzen zu verheimlichen. Der Schmerz war ja auch wegen des Abschieds von ihnen. Jetzt.

Ihr Schmerz war ja ihr Leben. Das Ergebnis ihres Lebens. Die Schmerzen. Das war die Krankheit und die gehörte ihr nicht und sie konnte sie nicht ihre Krankheit nennen, aber sie konnte die Krankheit verstecken. Sie hatte sie ja verstecken können, bis es zu spät gewesen war und die Entscheidung gefällt.

Es war unvermeidlich. Sie konnte es selbst sehen. In den Augen ihrer Kinder konnte sie die Unvermeidlichkeit sehen. Wenn es einfach gewesen wäre zu nicken, hätte sie genickt dazu. Sie hätte ihre Kinder nickend begrüßt, damit sie sehen konnten, dass sie es wusste und dass sie es übernehmen würde. Sie würde es übernehmen, ihnen nicht zu sagen, dass sie froh war, keine Enkelkinder zu haben. Wie hätten Marlies oder Ullrich verstehen sollen, dass sie froh war, ihre Enkelkinder nun nicht kennenlernen zu müssen. Alle rund um sie gingen ja davon aus, dass sie so viel wie möglich vom

Leben noch haben sollte. Sie wusste. Nein. Sie wusste es nicht genau. Sie vermutete, dass Marlies sich das ganze letzte Jahr angestrengt hatte, ein Kind zu bekommen. Es war schön. Sie dachte oft, dass es schön war, wenn ihre Tochter ihr ein solches Geschenk machen wollte. Aber sie war sehr froh, dass es nicht funktioniert hatte. Sie fürchtete sich vor dem Augenblick, in dem Marlies mit geheimnisvoller Miene in das Zimmer getapst käme, um ihr zu sagen, dass sie es geschafft hätte. Hätten. Leo und sie hätten es nun geschafft und sie würde am Ende doch noch Großmutter.

Wie sollte sie ihrem Kind sagen, dass es zu anstrengend wäre. Dass sie gar nicht mehr wusste, wie sie eine neue Person in ihr Leben bekommen konnte. Dass ein neuer Arzt. Eine neue Ärztin. Eine Krankenschwester. Dass die Zeiten im Spital. In den Spitälern. Dass das wie im Nebel sein musste. Sie musste sich in einen Nebel versetzen und der Schmerz half da. Vielleicht war der Schmerz ohnehin eine Art Nebel. Aber in den Behandlungen. Da ging es um die Schmerzen und die gehörten allen anderen. In den Schmerzen war sie zum Besitz all dieser Personen geworden, die sie anstachen oder abtasteten oder in die Röhren schoben oder etwas in sie einführten. Bei der Behandlung der Schmerzen war sie diese ausgespannte Haut und all die Löcher, die in sie hineinführten und die von allen benutzt werden durften. Der Schmerz. Der gehörte ihr. Im Schmerz lag sie. Mittlerweile lag sie lang ausgestreckt in diesem Schmerz. Sie konnte sich nicht mehr auf die Seite rollen oder die Beine anziehen und ausruhen. Sie konnte schon lange nur mehr gerade liegen und der Schmerz dann so rund um sie und die Schmerzen dahinter und weit weg und mehr für die anderen zu merken und dann wieder Maßnahmen getroffen wurden, wenn den anderen die Schmerzen zu viel wurden.

Sie musste lächeln. Wenn er sich so auf das Bett setzte und dann dasaß und sie auf ihn zurutschen hatte müssen und gegen seine Hüfte zu liegen gekommen war. Wenn er so den Blick über sie streifen hatte lassen und dann wegsah. Wenn die Schmerzen der Lageveränderung wieder abgeklungen waren und sie dann wieder in sich zurückgekehrt war. Sie konnte dann wieder geradeaus schauen und sich denken, dass sie ja doch eigentlich mit dem Schmerz verheiratet war. Mittlerweile war sie mit ihrem Schmerz verheiratet. Ein jungfräuliche Geschichte war das. Der Schmerz war ihrer und doch entfernte er sie von sich und nahm sie vollkommen in Besitz. Ein guter Gemahl. Ein besserer als er.

Es tat nicht mehr weh. Es erstaunte sie eher. Es nahm sie gegen die Frau Gertraud ein, die es ihr gesagt hatte. Die davon ausgegangen war, dass sie es wissen musste und es ihr deshalb gesagt hatte. Sie hätte es natürlich selbst auch gewusst. Sie hatte immer gewusst, wenn er mit einer anderen. So etwas lernte sich und in all den Jahren. Sie hatte ja genügend Gelegenheiten bekommen. Es war falsch gewesen. Sie hatte es falsch gemacht und deshalb war diese Ehe mit ihrem Schmerz auch der richtigere Zustand. Sie hätte seine Entschuldigungen nicht annehmen dürfen. Seine Selbstbeschuldigungen. Seine Reue. Seine Schwäche. Es war nicht zu entschuldigen und sie hätte das wissen müssen, und deshalb war sie jetzt mit dem Schmerz verheiratet und die Schmerzen die Kinder aus dieser Beziehung, und irgendwie war das auch richtig. Es ließ keinen Raum für irgendeine andere Überlegung. Sie war davon ausgefüllt. Erfüllt. Und alles andere bekam keine Kontur. Die Frau Gertraud wollte immer wieder darüber reden. Sie kam ins Zimmer gestürmt und wollte darüber sprechen und ihr blieb nichts anderes übrig als die Augen zu schließen und so lange zuzulassen, bis die Frau Gertraud auf Zehenspitzen wieder hinausgeschlichen war.

Sie musste die Frau Gertraud einmal fragen, ob sie bei Klaus bleiben würde. Danach. Ob sie ihm trotzdem den Haushalt machen würde. Sie dachte, es wäre gut zu wissen, aber es war auch ganz gleichgültig und irgendwie war sie sicher, dass sich nichts ändern würde. Danach. Zunächst nicht. Sie würde ihm fehlen. Aber nicht weil er sie brauchte, sondern weil er sie nicht brauchte und diese Vorstellung. Die würde sie ihm jetzt ja erfüllen. Und sie war ihm untreu. Sie war ihm so vollkommen untreu, dass sie sich erhoben fühlte. Wenn er dann so lange dasaß und sie die Wärme seines Körpers an ihrer Hüfte spüren musste, dann konnte sie das Gefühl bekommen zu schweben. Enthoben und schweben und seine Bemühung misslungen, sie durch einen neuen Betrug zu erschaffen. Sie war sein Werk gewesen. Wenn die Kräfte es zugelassen hätten, dann hätte sie sich in Wut und Zorn auflösen müssen, dass sie sein Werk war und ihr Ende die Vollendung davon. In den 38 Jahren ihrer Ehe. Er hatte sie mit seinem Lügen und Betrügen gefangen genommen und mit seinen Entschuldigungen und Selbstquälereien gefoltert. Sie war eine Kriegsgefangene gewesen und dieses dunkle Schlafzimmer die Gefangenenzelle, in die er dann ja nur mehr gekommen war, ihr wieder ein Geständnis zu machen und um ihre Verzeihung zu ringen. Und weil es immer mühsamer geworden war, hatte er diese Verzeihung immer leichter bekommen und hatte sie immer deutlicher verachtet und musste deshalb gleich wieder in einen neuen Betrug aufbrechen. Dass seine jetzige Partnerin in diesem Verbrechen nun schon 40 Jahre jünger war als er und damit 41 Jahre jünger als sie. Die Verwunderung wie das nun alles zusammengespielt hatte und sie dahingeworfen, wo sie nun liegenbleiben musste. Sie dachte an die junge Frau. Wie er der seine Verquälung als Liebeserklärung vorlegte, und dass man sie eigentlich warnen hätte sollen. Sie hätte diese so junge Person vorladen sollen und sie bitten, sich auf den Sessel zu setzen und sie anzusehen. Sie hätte diese junge Person gleich wieder weggeschickt. Sie wollte nicht jetzt am Ende noch ein grober Mensch werden. Eine Warnung und damit genug. Entscheidungen sollten alle selbst treffen. Sie hatte ihre getroffen und ein großer Teil war falsch gewesen und ein anderer großer Teil war nicht falsch gewesen und was sollte sie tun. Sie hatte es erst jetzt ganz begriffen. Wahrscheinlich konnte man es erst in solchen Augenblicken ganz begreifen, wie er sich nicht an ihre Bitte halten konnte, sich auf diesen Sessel zu setzen.

»Aber. Ich bin doch dein Mann!« hatte er ausgerufen und sich auf das Bett gesetzt. Fallen lassen hatte er sich und im Fallen auf sie. So wie es immer gewesen war. Schon deshalb hätte sie andere Entscheidungen treffen müssen. Aber sie hatte nicht gewusst. Hatte nicht wissen können. Wie hätte sie wissen sollen. Die Kriegswaise hatte ja niemanden gehabt, der ihr diese einfache Tatsache beibringen hätte können. Und sie hätte im Traum nicht vermuten können, dass alles so einfach endete. Dass wenn einer sich auf einen fallen ließ in seinen Taten, dass er das dann auch in der Wirklichkeit am Ende tun würde. Sie durfte nicht zu lange darüber nachdenken. Denn der Schluss daraus hieß, dass er eine solche Wahrheit am Ende selbst erfahren musste und dann nur noch die Erfahrung möglich war und kein Schluss daraus. Sie lag da. Langausgestreckt in ihrem Schmerz, der das Leben gewesen war, und war zu müde und zu erschöpft, ihm klarmachen zu können, dass sie es nun mit diesem Zurutschen auf ihn erleiden musste, wie er sich auf sie fallen ließ. Wie die Schmerzen dann jede Grundlage übertönend zu einem Elend wurden, neben dem nichts anderes mehr wichtig war. Nicht einmal das Mitleid mit ihm, dass er in genau so eine Situation kommen würde. Dann. Wenn er an die Reihe gekommen war. Nicht einmal das schlechte Gewissen, dass sie dann ja nicht mehr da sein würde und ihm die Lage erleichtern. Ihm seinen Platz in der Reihe noch zu verschönern. Nichts erreichte den schmalen Raum oben hoch unter der Stirn, in dem die Gedanken noch hausten. Keine Kraft für Gefühle und nur der Wunsch nach Ruhe. Unbewegt lag sie da und bemühte sich, den Schmerz nirgends zu berühren. Sie überließ den Körper dem Schmerz, die Schmerzen zu beschwichtigen. Sie gab sich diesem Grundschmerz hin und ließ sich von ihm beschützen. Es war nichts übrig. Nichts als diese kurzen Augenblicke, in denen es sich atmen ließ. Die anderen dachten natürlich, dass sie reduziert war.

Sie waren entsetzt darüber und redeten an ihrem Bett über sie als wäre sie schon weg. Sie ließ sie. Jede Handbewegung sich in das Gespräch zu reklamieren, kostete zu viel Mühe. Es war geradezu rührend, dass die Frau Gertraud ihr die Geschichten von ihm unbedingt erzählen wollte. Es war zwar nur die Neugier der Frau Gertraud und ihr Wunsch, ihre Reaktion zu sehen. Es war nicht richtig boshaft von der Frau Gertraud. Und irgendwie gehörte es noch mehr zum Leben, wie sie sich an ihr Bett unten stellte und so mit verschränkten Armen auf sie heruntersah. Es war schwierig, die Frau Gertraud in Schach und sich die Geschichte mit der 40 Jahre jüngeren Geliebten vom Leib zu halten, die noch dazu eine Schülerin von ihm war. Es war ein bisschen lustig. Die wutzitternde Frau Gertraud, die jeden Augenblick explodieren wollte und ihm ihre Meinung sagen. Die wutzitternde Frau Gertraud konnte ja nicht wissen, wie arm er wirklich war. Die wutzitternde Frau Gertraud hätte eingewandt, dass ja nun sie starb und nicht er. Aber er musste weiterleben. Ohne sein Werk. Sie als sein Werk war misslungen und ließ ihn zurück und sie ließ ihn gerne zurück. Sie hatte das 5. Klavierkonzert von Beethoven oft genug gehört. Die Kinder waren in ihre eigenen Leben halbwegs versorgt. Er musste die Schrecken, in denen sie jetzt schon so lange ausgestreckt lag. Er musste diese Schrecken erst betreten. Es tat ihr leid für ihn. Auf wen konnte er sich in Zukunft fallen lassen. Wen würde er in seinen Selbstbeschuldigungen erstehen lassen. Wie würde er eine neue Frau finden, die eine Waise und geschult in den Schrecken von Krieg und Flucht. Wie würde er eine neue Frau finden können, die ihm den Gegenpart abgab. Das hatte es wahrscheinlich doch nur in ihrer Generation gegeben. Sie hatte über die Psychosomatikerin in der Hildegarden-Klinik lächeln müssen. Natürlich hatte sie in einer Missbrauchsbeziehung gelebt. Das musste ihr niemand erklären. Aber wie hätte sie dieser ernsten, jungen Person erklären sollen, dass die Katastrophen lange vorher passiert waren und sie keine Möglichkeit gesehen hatte, noch einen Fluchtversuch. Sie war nicht weitergekommen. Es war eine Flucht gewesen. Es war eine Flucht geblieben. Nicht gelungen. Nicht vollkommen. Nur teilweise. Sie war 69 Jahre geworden und der Lungenkrebs. Das konnte auch ein Zufall sein. Das musste kein Ergebnis dieser misslungenen Flucht sein und es hatte keinen Sinn, einen Sinn finden zu wollen. Darin stand der Schmerz ihr bei und hielt die Gedanken schmal. Der Schmerz stand ihr bei, sich ein unberührtes Liegen zu wünschen. Schon das Versteifen des Körpers, wenn er bei der Tür hereinkam. Schon seine Stimme auf dem Gang. Ein Zuruf, die Frau Gertraud solle ihm einen Kaffee herrichten und er tränke ihn dann, wenn er wieder von oben käme. Schon das Geflüster vor der Schlafzimmertür und die Frage, wie es denn heute ginge. Er war unermüdlich in seiner Zuwendung. Das war erstaunlich. Sie hatte sich gedacht, er würde sie als endgültig zerstörten Leib vergessen und sich dem 40 Jahre jüngeren Körper zuwenden. Sie konnte sich das vorstellen. Wie er sich einwühlte in so einen Frauenkörper. Wie er flüsterte die ganze Zeit. Wie er diesen Frauenkörper an sich drückte und sich hinein, so viel wie möglich von sich zu spüren. Sie hatte sich das mit so vielen verschiedenen Frauen vorstellen müssen. Sie hätte sich das vorstellen müssen, wenn sie diese Sache mit dem Sex ernster nehmen hätte wollen. Sie hatte ein abstrahiertes Bild hergestellt. Von ihm. Dabei. Er war aber wirklich unermüdlich und sie musste denken, dass er diesen Gegensatz genoss. Oder brauchte. Wahrscheinlich brauchte. Er wusste das natürlich nicht. Er konnte sich selbst verheimlichen, dass er etwas brauchte, und konnte zwischen seiner Geliebten und seiner sterbenden Ehefrau pendeln. Oder musste.

Er war gehetzt. Er hatte natürlich auch jetzt nicht wirklich Zeit für sie, aber er hetzte zu ihr, um sich auf ihr Bett fallen zu lassen, und sie wollte das nicht mehr. Wollte sie das noch. Wollte sie seinen Blick so über sich hinfahren haben. Wollte sie in diesem letzten Wettstreit noch mitmachen. Hatte er sie nun nicht oft genug so elend gesehen, seine Phantasien zu beflügeln, und hatte sie nicht ein Recht auf eine Rast. Sie hatte ihm alles gegeben. Ja, sie hatte ihm einen Vorrat davon gegeben. Er hatte ihre Briefe, in denen sie um seine Gnade gefleht hatte und um eine Trennung, und er ihr dann wieder seine grenzenlose und unauflösliche Liebe beteuert hatte. Gnadenlos, bis zur nächsten Verletzung. Aber es war nicht wichtig. War irgendetwas wichtig. Schon lange nicht. Nur Ruhe. Eine Rast. Sie musste ja nur die Augen geschlossen halten. Wenn er wieder auftauchte. Hereinstürmte. Sie musste nur die Augen geschlossen halten und er würde auf Zehenspitzen wieder hinausgehen. Er wolle ihren Schlaf nicht stören, würde er der Frau Gertraud zuflüstern, die hinter ihm ins Zimmer gekommen wäre. Er wolle ihren Schlaf nicht stören, würde er murmeln und sich sehr gut fühlen dabei und hatte das nun ein Leben lang gemacht. Ihren Schlaf gestört.

Isabella M.

Es war nicht wegen der Anstrengung.

Es war nicht wegen der vielen Stunden, die sie im »Heine's« arbeiten musste. Es waren sehr viele Stunden und es waren die Mittagsstunden, die ihr den Tag zerrissen, aber es hätte nichts gemacht. Es war wegen der Unsicherheit und weil nun alles umsonst gewesen war. Mehr als 5 Jahre lang.

Sie ging die Weimarer Gasse hinunter. Sie wusste, sie ließ die Schultern hängen und ihre Augenbrauen waren hochgezogen. Eine depressive Miene, und sie war ja auch deprimiert. Sie hatte sich das alles anders gedacht gehabt.

Sie hatte mit Torsten und Inge das »Heine's« betreiben wollen. Es hatte ihre Basis sein sollen. Es hätte das sein sollen, wovon sie alle drei ihre Sicherheit herbekamen, und dann jeder von ihnen das machen konnte, was er oder sie gewollt hatte. Sie hatte sich für Physiotherapie entschieden.

Sie machte seit drei Jahren Kurse in der Feldenkrais-Methode. Aber sie kam nicht voran. Sie war damit nicht weitergekommen und jetzt der Ellbogen. Sie konnte die Teller nur noch einzeln an die Tische tragen. Ihr rechter

Ellbogen erlaubte nur noch, dass sie das Besteck in die Hand nahm. Und Émile machte ihr Vorwürfe deswegen. Bogdan machte ihr Vorwürfe. Torsten und Inge machten ihr Vorwürfe.

Sie ging einen Zaun entlang. Die Zweige des Buchsbaums ragten durch das Gitter heraus. Sie riss einen Zweig ab und begann, die kleinen gerundeten, festgrünen Blättchen wegzureißen. Einzeln. Wie die Fliegenbeine, dachte sie. Sie schaute beim Gehen auf den Zweig. Da wo ein Blatt festgewachsen gewesen war, blieb einen Augenblick eine helle Stelle, nachdem sie das Blättchen ausgerissen hatte. Die Stelle dunkelte aber gleich nach und war in der Farbe nicht mehr zu unterscheiden. Sie hätte weinen können. Sie weinte. Eine Welle Weinens stieg ihr auf und gleichzeitig hatte sie das Gefühl, von dieser Welle von hinten überfallen und überwältigt worden zu sein.

Sie hatten es nicht geschafft. Sie hatten es alle nicht geschafft. Und sie war noch die Jüngste von ihnen allen. Sie war 39 und irgendwie schien das zu bedeuten, dass ihr Leben noch nicht ganz gelaufen war. Jedenfalls gaben ihr Torsten und Inge das Gefühl, dass sie ihr Alter als Privileg auffassen sollte. Es war aber nur ein Verbot, wirklich traurig zu sein. Sie hielten alle einander damit aufrecht, dass es irgendwie weitergehen musste, und wahrscheinlich mussten Torsten und Inge und Bogdan mit ihren fast 50 sie dazu benutzen, sich selbst zu trösten. Es hieß dann immer, dass sie ja noch eine Chance hatte. Das wiederum hieß, dass sie weder jammern noch versagen durfte. Sie war wie das Kind und die anderen die Eltern und sie musste es jetzt bringen. Deshalb konnte sie im »Heine's« nicht wirklich sagen, wie sehr der Ellbogen schmerzte. Zu Hause konnte sie es nicht sagen, weil Bogdan wütend wurde und ihr sagte, dass er es immer schon blöd gefunden hatte, dass sie ihr Geld in dieses Projekt gesteckt hatte. Und Emile verstand schon gar nichts. In seinen Augen war sie die vollkommene Versagerin. Sie hatte die Gelegenheit bei ihm, dem Feldenkrais-Obermeister, zu lernen, und entwickelte während dieser Schulung einen Tennisarm. Was war falsch an ihr. Was machte sie falsch.

Sie schnalzte mit dem winzigen Zweiglein vom Buchsbaum gegen die Gartenzaunstäbe und ging rasch. Sie würde das Zertifikat nicht bekommen. Nicht von Emile. Das hieß, dass sie keine Möglichkeit haben würde, ihr Geld mit Physiotherapie zu verdienen. Sie war sicher, dass sie nur das »Heine's« aufgeben musste und geheilt war. Torsten und Inge waren ja auch krank geworden. Der Magen. Das Herz. Auch die waren nicht an der Arbeit krank geworden, sondern an der Aussichtslosigkeit. Dass es keinen Sinn hatte, ein gutes Esslokal machen zu wollen. Gesunde, kreative Kost zu einem maßvollen Preis. Dass die beiden Architekturbüros und die eine Zeitungsredaktion um die Ecke an die billigere Peripherie gezogen waren und ihnen ihre Kundschaft versetzt worden war. Dass niemand für das Essen bezahlen wollte, aber mittlerweile vielleicht auch nicht konnte. Dass ihnen auch ihre Steuerberaterin nicht sagen konnte, wann wieder eine Nachforderung von der Sozialversicherungsanstalt der Gewerblichen Wirtschaft kommen würde. Niemand wusste, wieso die Inspektion für den Friseur nebenan mit der gemeinsamen Toilette zufrieden war, sie aber eine neue Toilette einbauen müssten. Torsten hatte versucht, den Mann zu bestechen. Aber sie waren nicht gut darin. Das hätte Bogdan machen müssen. Der konnte so etwas als Bauingenieur.

Aber Bogdan machte nichts für das »Heine's«. Bogdan wollte heiraten und ein Kind bekommen. Ganz schnell, weil sie doch nicht mehr jung war, und sie sollte sich um das Kind kümmern. Er würde schon sorgen für sie. Sie sollte doch Vertrauen zu ihm haben und mit ihm eine Familie gründen. Er schaute sie dann so verzweifelt an, dass sie gleich zu weinen beginnen hätte können. Aber das war ohnehin nicht schwierig. Der Ellbogen sorgte für stete Tränenbereitschaft und am liebsten wäre sie davongegangen. Sie hatte zu Hause ein Kuvert vom Finanzamt liegen. Die Triletti war sehr verwundert gewesen. Sie könne sich nicht vorstellen, was das Finanzamt von Isabella wolle. Aber sie solle das Kuvert am Freitag mitbringen, sie käme dann Fisch essen und würde sich das anschauen. Und sie würden ihrer Steuerberaterin das Essen so geben müssen.

Sie ging über den Kralik-Platz. Sie schaute nicht links und nicht rechts. Sie stieg einfach auf die Fahrbahn und wandte nicht einmal den Kopf in Richtung der Bremsgeräusche. Ihr war es gleichgültig. Ihr war das alles gleichgültig. Alles war gleichgültig. Sie hatte gearbeitet. Sie hatte wirklich hart gearbeitet. Sie hatte noch übersetzt, um ein bisschen Geld für Kleider zu haben und im »Heine's« ordentlich auszusehen. Sie hatte keinen Kurstermin versäumt und gelernt. Sie hatte gekellnert. Jeden Tag 5 Stunden an 5 Tagen und wenn sie am Abend offen hatten, da auch noch. Bogdan beklagte sich, dass sie nicht Zeit hatte für ihn. Er hatte das in letzter Zeit schon sehr desinteressiert gesagt. Das war kein Wunder. Die Sorgen. Die Schmerzen im Ellbogen. Keine Person wurde schöner, wenn sie nicht mehr schlafen konnte. Wegen der Sorgen. Sie hatte das Glück, dass sie Bogdan das Geld für die Miete schuldig bleiben konnte. Bogdan verrechnete das gegen Sonntagsessen. Sie musste dafür am Samstag sehr früh einkaufen. Vor dem »Heine's«. Und am Sonntag musste der Ellbogen für das Essen gebogen werden und sie musste versuchen, mit der linken Hand schneiden zu lernen.

Sie ging die Villen entlang. Die Gärten herbstlich. Laub überall. Trockene Blätter. Sie schlurfte durch einen Laubhaufen. Gefällte Bäume lagen auf dem Grünstreifen zwischen Straße und Gehsteig. Jeder dritte Baum war gefällt worden. Die Jahresringe auf den Baumstrünken stark abgesetzt. Manche Jahre dicke dunkle Ringe gegen kaum ausnehmbare helle. Sie war in so einem dunklen. Aber das dauerte jetzt schon lange. Mit dem Dunkel. Und es war schon klar. Sie waren dekadent. Mit ihrem Versuch, sich unabhängig durchzuschlagen, waren sie dekadent. Und sie würden alle drei keine Arbeitslosengelder bekommen, weil sie das alles ohne Anstellung machen hatten müssen, und ihr Geld war weg. Die kleine Erbschaft ihrer Mutter. Das halbe Wiesenhaus in Salzburg. Das Grundstück jetzt unglaublich wertvoll. Vor 6 Jahren. Ach. Sie war betrogen worden. Sie musste lernen, mit sich ehrlich zu sein. Sie musste aufhören, sich etwas einzureden. Schönzureden. Sie war der Arbeitslosigkeit nicht entkommen. Sie war unter die Räuber gefallen. Sie hatte die Warnungen nicht ernst genommen und gedacht, wenn sie nur das richtige Leben leben wollte, dann würde sich das einstellen. Aber niemand war daran interessiert, dass irgendjemand ein richtiges Leben hatte. Das bekam man nur mit Geld und ihres war futsch. Sie konnte froh sein, wenn sie ein Zehntel zurückbekam, wenn das »Heine's« weitervermietet wurde.

Sie warf das Zweiglein weg. Eine Gruppe Jugendlicher kam ihr entgegen. Plötzlich war ihr das recht. Es war zu sehen, dass diese Jugendlichen durch die Villengegend zogen, um Krawall zu machen. Sie trugen Skateboards über die Schulter. Einer hielt einen Schlüssel so, dass er beim Gehen die Autotüren zerkratzte. Sie schrien einander Sätze zu, als wären sie viele Meter voneinander entfernt. Sie gingen aber ganz dicht gedrängt und von Zeit zu Zeit schubsten die anderen den Burschen mit dem Schlüssel, so dass er gegen die Autos stolperte, und dann lachten alle. Ihr war das recht, genau diese 4 Burschen zu treffen. Sie zog ihre Schultern zurück und schob den Kopf ins Genick. Sie nahm ihre Hände aus den Manteltaschen und ging auf die Burschen zu. Sie schaute bedeutungsvoll auf den Autotürkratzer und ging schneller. Es fiel noch ein lauter Satz. Sie konnte die Burschen nicht verstehen. Sie dachte, die sprachen gar nicht deutsch. Dann sahen die Burschen auf, aber sie war nur eine Frau, die auf sie zuging. Sie machten nicht Platz. Die zwei am Zaun rückten ein wenig zur Seite und sie hätte sich vorbeidrängen können.

Sie machte einen Schritt zur Seite. Während sie ihre linke Schulter ein wenig nach hinten nahm, um diesen

Schritt zur Seite zu beginnen. Währenddessen stieg eine ungeheure Wut in ihr auf und sie blieb stehen. Diese 4 Burschen. Sie waren nicht sehr groß. Sie waren sicherlich sehr jung. 13 oder 14. Aber einen Augenblick hatten sie ihr Angst gemacht. Einen Augenblick hatte sie sich ausgesetzt und unterlegen gefühlt und war bereit gewesen, sich vorbeizuschleichen. Einen Augenblick lang war sie froh gewesen, dass dieser schmale Weg den Zaun entlang möglich war. Ihr möglich gemacht worden war. Sie hatte sich von der Mitte des Gehsteigs treiben lassen. Und der Grund. Der Grund war diese Scheißwelt, in der man sein Geld nicht verdienen konnte und deshalb einen Tennisarm entwickelte und deshalb wiederum Angst vor 4 Lümmeln haben musste, die wahrscheinlich den Nachmittagshort schwänzten und sich toll vorkamen. Aber sie hatte Angst gehabt. Der spitze Schmerz in ihrem Ellbogen hatte diese Angst hergestellt. Es war der Ellbogen gewesen, der sie verängstigt hatte und nicht diese Kinder.

Sie stand. Noch halb weggedreht. Die Burschen hielten inne. Der mit dem Schlüssel zog noch eine Spur in den schwarzen Lack eines Audi Q7. Mittendrin hörte er auf und sah von seinen Freunden zu ihr und zurück. Sie stand und konnte nichts sagen. Sie war so wütend, dass sie platzen hätte können. Sie griff in die Manteltasche, um das Handy herauszuholen und musste die

Hand in der Manteltasche lassen. Sie hatte mit der rechten Hand nach dem Handy gegriffen und ein Schmerzblitz im Ellbogen antwortete auf diese scharfe Bewegung. Ganz kurz wusste sie gar nichts. Vor Schmerz. Sie musste tief Luft holen und starrte die 4 Burschen an.

Der mit dem Schlüssel. Er steckte den Schlüssel in die Tasche seiner silberfarbenen Bomberjacke. Er wüsste es eh, sagte er. Sie sah, dass diese 4 Burschen noch jünger sein mussten, als sie es gedacht hatte. 10 oder 12, und ihre Angst kam ihr absurd vor. Sie zuckte mit den Achseln. Sie hätte ihnen keinen Rat geben können. Sie hätte ihnen nicht sagen können, was sie tun sollten. Oder wie. Sie hätte ihnen sagen können, dass sie auf sich aufpassen sollten. Der Größte und Dickste begann zu grinsen. Er begriff sofort, dass ihre Wut verflogen war. Der mit dem Schlüssel setzte an, etwas zu sagen. Sie ging schnell weiter. Sie hätte sich gewünscht. Schon beim Vorbeigehen an den 4 Kindern hätte sie sich gewünscht, wenigstens sagen zu können, sie sollten kein Scheißleben leben. Aber wie hätte sie das sagen sollen. Sie wusste ja selbst nicht, wie so etwas ging. Die Burschen machten ihr Platz. Sie ging in der Mitte des Gehsteigs davon.

Sie fühlte sich müde und im Ellbogen klopfte der Schmerz, als hätte sie etwas sehr Schweres gehoben.

Arme Säue, dachte sie. Wir sind arme Säue. Diese Burschen und sie. Sie waren alle im selben Boot. Es gab keine Zukunft. Die Gegenwart war langweilig und sie konnte niemandem raten, sich anzustrengen. Ihr Ellbogen beantwortete ihr diese Frage in jedem Augenblick.

Emile hatte ihr geraten, wieder glücklich zu sein. Dann würden sich die Spannungen lösen und ihre Gelenke insgesamt funktionieren. Ihr ganzer Körper würde klaglos funktionieren. Sie solle Stress abbauen und sich mehr anstrengen, ihre Harmonie auszubauen.

Das »Heine's« musste noch vor November geschlossen werden. Die Kündigungsfristen von allen Versicherungsverträgen liefen im November aus und man musste diese Fristen benutzen. Bis zum letzten versicherten Tag und dann Schluss und keine neuen Verpflichtungen. Ein Geld aus den Ablöseverträgen. Das würde sie bei einer Weitervermietung bekommen. Aber das konnte dauern. Und das musste nicht funktionieren. Vielleicht war es besser, gleich gar nichts zu machen. Wie diese 4 Burschen. Gleich in die Sozialhilfe und in den Vandalismus. Sie verstand das sehr gut. Das Gefühl, diese Schlüssel durch all diese fetten Autolacke zu ziehen. Wenn sie das nicht mit der linken Hand machen hätte müssen. Sie hätte damit selbst begonnen. Irgendwie weich und am Grund kratzend. Sie stellte sich das Gefühl während des Kratzens sehr befriedigend vor. Vandalismus. Das war einer Person, wie sie eine war, verboten. Das verbot sich. Sie musste am Ende ihren Prinzen heiraten. Nicht zur Strafe, aber zur Sicherheit. Sie ging sehr schnell und sie war wieder sehr wütend.

Felicity P.

Es war nicht wegen der Zeit.

Es konnte nicht wegen der Zeit sein. Sie hatte doch so viel davon. Sie war noch nicht ganz 30. Es wäre lachhaft gewesen, sich zu überlegen, dass es wegen der Zeit wäre.

Das mit der Zeit. Sie wusste, dass das mit der Zeit eine Frage werden konnte. Aber erst später. Erst dann, wenn man im Leben weiter vorangekommen war. Wenn diese Entscheidungen alle gefällt waren und die Zwänge auf einen einrückten. Sie hatte das bei ihren Eltern mit angesehen. Es hatte sie ungeduldig gemacht, wie diese Eltern nicht einsehen hatten können, dass eine rasche Trennung alle so viel schneller zur Vernunft gebracht hätte. Dass eine rasche Trennung billiger gewesen wäre. Und dass sie und ihre Schwester nicht die Geiseln dieser deprimierenden Beziehung sein hatten wollen.

Sie und ihre Schwester. Sie hatten mit diesem Achselzucken festgestellt, dass die Erziehung von Eltern genauso mühsam war wie die von sehr kleinen Kindern, und sie waren beide weit fortgezogen. Was die Eltern da gemacht hatten. Dieses Schweigen. Dieses Vorbeischauen aneinander. Der immerwährende Vorwurf, dass nichts richtig gewesen war. Das harsche Abwenden der Mutter, wenn der Vater ins Zimmer kam. Die sanften Selbstbeschuldigungen des Vaters. Immer hatte mitgeklungen, dass es ja nur ihretwegen gewesen war. Wegen der Kinder hatte man das alles so gemacht. Und dann das Aufblühen. Nach dem entsetzlichen Ende und die Mutter eine Nacht auf der Polizeistation, weil sie das Haus angezündet hatte und es fast erreicht hatte, alles in Schutt und Asche zu legen. Nach den entsetzlichsten Demütigungen aneinander ein Aufblühen. Der Vater wieder ein friedlicher, schwacher Mensch. Die Mutter wieder die erfolgreiche Frau, die nur noch manchmal jammerte, dass sie Unterhalt an den Vater zahlen musste. Dass sie seine Rente zahlte und dass sie, hätte sie dieses Ende gewusst, sie hätte alles ganz anders machen wollen. Aber dann sagte sie, dass es dann ihre süßen Mädchen nicht gäbe, und nahm die Schwester und sie so um die Schultern.

Das war alles ganz gut ausgegangen, aber sie würde eine solche Zeitverschwendung nicht begehen. Sie würde ihre Beziehungen. Aber das genau war ja das Problem.

Sie saß vor ihrem Cappuccino und sah auf die Kantstraße hinaus. Die riesigen Scheiben der Brasserie vom Regen verschmiert. Ihre Beziehungen.

Ihr eigener Vater hatte das mit der Zeit gesagt. Ihr

eigener Vater hatte sie gefragt, was sie mit einem Mann wolle, der nun sogar älter wäre als er selbst. Ihr Geliebter wäre ja älter als ihr eigener Vater. Nach der Taufe der kleinen Brigitte hatte er sie in den Garten genommen. Er hatte ihr selbst Feuer für eine Zigarette gegeben und hatte ihr bei den ersten Zügen zugesehen. Sie hatte gerade sagen wollen, wie erwachsen das von ihm war, seiner Tochter beim Rauchen nun sogar zur Seite zu stehen, obwohl es ihm doch so ein Dorn im Auge war. Da hatte er das gesagt. Er hatte das ganz schnell gesagt und sie hatte ihn fragen wollen, woher er von der Geschichte überhaupt wisse. Er lebte doch weiter in Frankfurt und sie in Berlin. Wie konnte er da wissen, mit wem sie in Berlin herumzog.

Sie war ja herumgezogen. Mit Walter. Sie hatte ihn aus Frankfurt gekannt. Er war da ihr Professor gewesen, aber sie hatte nicht sehr viel mit ihm zu tun gehabt. Eine Vorlesung und eine Prüfung. Sie konnte sich gar nicht erinnern. Er hatte sich erinnert und war auf sie zugekommen. Hier, in der »Vienna Bar« gleich neben der »Paris Bar«. Er war von seinem Tisch aufgestanden. Er war da mit diesem Maler und seinem Galeristen gesessen und hatte sein Essen stehen lassen und sich zu ihr und Bärbel gesetzt. Wie es ihr ginge. Was sie mache.

Von seinem Tisch war ihm zugewinkt worden. Sein Essen würde kalt und der Wein rauche aus. Er hatte sich alles bringen lassen und war bei ihnen sitzen geblieben. Er hatte Bärbel dann geschickt, sich an den Tisch zum berühmten Maler zu setzen und hatte so alles ausgeglichen. Es war sehr überzeugend gewesen, wie er dann den vielsagend grinsenden Männer zugewinkt hatte, als die sehr spät gingen und sie beide immer noch dabei gewesen waren, das Institut in Frankfurt zu besprechen. Es war überzeugend gewesen. Sie dankbar, und warum eigentlich, musste sie sich fragen. Warum dankbar.

Bärbel hatte am nächsten Tag geklagt, wie langweilig diese alten Säcke wären und dass es ein Liebesdienst für sie gewesen sei und dass sie einen Abenddienst gut hätte dafür, dass sie sich mit denen beschäftigt hätte. Und dass man doch hoffen musste, dass dieser Männertyp im Aussterben begriffen wäre, aber wann das nun endlich der Fall sein würde. Sie war dann mit Bärbel nie wieder unterwegs gewesen und sie hatte die Geschichte mit Walter vor ihr geheim gehalten. Dann.

Sie saß da und schaute in den Regenabend hinaus. Das hier, das war der Treffpunkt geworden. Der Stützpunkt. Von da aus waren sie aufgebrochen. Zu den Theaterpremieren. Den Ausstellungseröffnungen. Zu den Museumsbesuchen. Hierher waren sie zurückgekehrt nach den Abendessen. »Grill Royal«. »Borchardt«. Von hier waren sie mit dem Taxi in ihre Wohnung gefahren. Friedrichshain. Und warum hatte sie nie darauf bestanden, mit ihm in sein Hotel zu gehen. Das »Savoy« um die Ecke.

Sie setzte sich gerade hin. Lehnte sich gegen die Lehne der Bank. Sie musste sich zurechtweisen, nicht zu lachen zu beginnen. Hypnose. Die Erklärung war nur Hypnose. Sie war hypnotisiert gewesen. Er hatte sie hypnotisiert. Sie hatte sich hypnotisieren lassen und hatte eine solche Frage nicht gestellt. Diese Frage hatte sich nicht stellen lassen. Etwas derartiges war ihr nicht eingefallen. Es war ihr überhaupt nichts eingefallen. Wenn sie es recht überlegte, dann hatte sie nichts anderes getan, als ihm zu folgen. Sie war ihm nachgelaufen. Es war nicht anders zu beschreiben.

Sie hatte es ja auch dem Vater nicht erklären können. Wie hätte sie ihrem Vater in Frankfurt in dem Garten des Hauses, das er räumen hatte müssen. Wie hätte sie ihm da erklären sollen, was in Berlin wichtig war. Damals hätte sie sagen können, dass es wichtig war, dabei zu sein. Dass das für ihre Karriere als Redakteurin wichtig war. Dass sie so überall hinkam. Aber sie hatte es gar nicht gesagt. Sie war weggegangen und hatte dem Vater nur ein Lächeln geschenkt. Sie hatte ihren Vater mit dem Lächeln erniedrigt. Das Lächeln hatte gesagt, dass er nicht kompetent war. In solchen Fragen des Lebens hatte er es doch selbst nicht weit gebracht mit seiner Tierärztin, mit der er jetzt lebte und mit der er offenkundig glücklich war, bei der er aber von seiner Exfrau ausgehalten lebte. Ihr Vater lebte vom Unterhalt, den ihm seine Exfrau zahlen musste, weil sie erfolgreicher und tüchtiger gewesen war und Kinder und Beruf zusammenhalten hatte können und er nur einen Konkurs geschafft hatte. Wie sollte ihr Vater ihr sagen, wie und mit wem sie ihre Zeit zubringen sollte.

Er hatte recht gehabt. Jetzt. Beim Hinaussehen auf die Kantstraße und die Regenschirme der Fußgänger. Es war darum gegangen, mit ihm da aufzutreten. Es waren Auftritte gewesen. Der wichtige Mann und die sehr junge Frau. Mit Walter gemeinsam einen Raum zu betreten und mit ihm dann dabei zu sein. Da war ihre eigene Wichtigkeit aufgehoben. Sie war ja niemand. Sie war sehr jung. Gegen ihn war sie sehr, sehr jung. Es war nicht mehr wichtig gewesen, wer oder was sie selber war. Sie war neben ihm gestanden und alle hatten sich geschart. Um sie beide. Um sie beide hatten sich all die anderen wichtigen Leute geschart und sie hatte all die Blicke angesehen, die sie beide zusammenfassten, und hatte geantwortet. Auf die herablassenden Blicke mit Herablassung. Auf die ironischen mit Ironie. Auf die bösen mit Bosheit. Auf die unterwürfigen mit Verachtung. Auf die desinteressierten mit Gleichgültigkeit. Wahrscheinlich war es das gewesen. Sie war neben ihm gestanden oder gegangen und hatte die Welt durch ihren Altersunterschied hindurch betrachtet. Alles war an der Reaktion auf die 30 Jahre jüngere Frau an seiner Seite gemessen worden. Von ihr jedenfalls. Und sie hatte das haben wollen. Sie hatte es bekommen und mehr war es nicht. Mehr war es nicht gewesen. Mehr hatte es nicht sein können.

Sie schaute auf und deutete dem Kellner, noch einen Cappuccino haben zu wollen. Sie würde nicht schlafen können. Aber das konnte sie ohnehin nicht. Die Frage war doch, warum sie sich so beraubt fühlte. Es war nie etwas besprochen gewesen. Es war immer alles in einem Jetzt seiner Anwesenheit geblieben. Es war nie etwas versprochen worden. Warum war sie gekränkt und beraubt und konnte nicht schlafen.

Nur weil sie nun wusste. Weil sie nun wissen musste, dass er auch noch seine Ehefrau mitnahm. Er stand nicht nur mit ihr in der Halle des Gropius-Baus und schüttelte Hände. Die Beschränkung ihres Blicks auf ihn war eine Beschränkung gewesen und nicht das klare Prisma auf die Welt, wie sie sich das gedacht hatte. Sie hatte sich vorgestellt, dass die Liebe zu einem so viel älteren Mann das Licht war, in dem sie die Welt beurteilen sollte. Dass es ihr die Welt beschrieb, wie die Welt auf eine solche Liebe reagierte. Wie beschränkt. Wie neiderfüllt. Wie unerotisch. Dass die Liebe zu einem so viel älteren Mann das Licht sein musste, in dem sie vereint standen. Von dem sie gemeinsam beleuchtet worden waren. Sie hatte sich mächtig gefühlt darin. Sie hatte sich mächtig und schön darin gefühlt und es war alles nicht wahr gewesen. Er war mit seiner Frau zur Eröffnung von »Der deutsche Blick« gegangen und sie hatte es aus der Zeitung erfahren. Auf den winzigen Bildchen der Society-Berichterstattung. Dr. Walter Widner und Frau. Sie hatte die Seite aus der Zeitung gerissen und immer wieder aus der Tasche ziehen müssen und anstarren. In der »Bild«-Zeitung. In der »Bild«-Zeitung das Bildchen. Dr. Walter Widner und Frau. Wie richtig.

Der Kellner brachte den Cappuccino. Sie lächelte ihm entgegen und beugte sich über den Kaffee. Krümmen. Es war zum Krümmen. Wenn die Wahrheit möglich gewesen wäre. Sie hätte sich auf den Boden werfen müssen und krümmen. Ein Fragezeichen auf dem Boden. Ein gekrümmtes Wesen und die Scham die Arme über den Kopf gelegt hätte, sie vor allen Blicken zu verbergen. Sie musste grinsen. Was für ein Glück. All die Konventionen. Es verhinderte, in eine solche Lage zu geraten, aus der man wieder herausfinden hätte müssen. Sie stellte sich vor, auf dem Boden zu liegen und sich zu krümmen, und würde dann jemand kommen und ihr aufhelfen oder würde sie daliegen müssen und alle würden sie ignorieren, bis sie wieder aufstehen konnte und mit niedergeschlagenen Augen in ihre winzige Wohnung in Friedrichshain. Ein Taxi. Es kostete genau 21 Euro 50 dahin. Das war viel Geld. Jeder Fick mit ihr hatte ihn mindestens 45 Euro an Taxi gekostet.

Sie musste sich über das Tischchen beugen. Die Frau hatte im »Savoy« wohnen dürfen und wie richtig, ihr Urteil aus der »Bild«-Zeitung zu erfahren. Dr. Walter Widner und Frau. Nichts von einer Scheidung. Es stand ja nicht Dr. Walter Widner und in Scheidung begriffene Ehefrau. Nichts von der Depression zu sehen. Die Frau hatte ernst ausgesehen. Säuerlich und ernst. Aber depressiv und heruntergekommen, wie er das beschrieben hatte. Die Frau hatte ganz normal ausgesehen. Nicht schön, aber nicht depressiv oder heruntergekommen. Eine ältere Frau neben einem älteren Mann. Dr. Walter Widner und Frau. Ganz selbstverständlich. Und er sah in die Kamera und lächelte. Er wusste, dass dieses Bild in der Zeitung zu sehen sein würde. Er wusste, dass sie es zu Gesicht bekommen konnte. Dass sie es finden konnte. Er hatte nicht daran gedacht, sie zu schützen. Er hatte nicht daran gedacht, was sie sich denken mochte. Was sie fühlen würde. Wie sie reagieren müsste. Er hatte nicht an sie gedacht und sein Anruf, sie sehen zu wollen. Wochen später und vorwurfsvoll, warum sie sich denn nun niemals gemeldet hätte. Ob sie seiner überdrüssig sei.

Sie schaute hinaus. Es war eine halbe Stunde Zeit. Dann würde er kommen. Er kam immer pünktlich und er wartete nicht. Er kam ins Lokal und schaute sich um. Wenn er sie nicht gleich sah, ging er wieder. Sie hätte daraus etwas lernen können. Sie hatte nichts gelernt. Und wollte sie etwas lernen.

Sie hatte sich in die Brasserie gesetzt, um zu überlegen. In ihrer Wohnung. In der kleinen Wohnung. Da wo seine Zahnbürste und sein Rasierapparat wohnten. Da hatte sie nichts überlegen können. Die Zahnbürste und der Rasierapparat lagen in einer Lade im Badezimmer und waren nie gebraucht worden, weil er ohnehin immer ins Hotel zurückgekehrt war und nie die ganze Nacht bei ihr geblieben. Dazu wäre er zu alt, hatte er gesagt und war noch in der Nacht aufgebrochen. Sie hatte vermutet, er wollte einfach allein in einem Bett liegen und hatte ihr das nicht gesagt, weil er sie nicht beleidigen wollte wegen ihres schmalen Bettes. Sie hatte überlegt, eine Ausziehcouch zu kaufen, die man zu einem Doppelbett machen konnte. Ihr Bett war ja nun wirklich nur für eine Person und es gab keine andere Möglichkeit. 2 Ikea-Sessel fürs bequeme Sitzen und ein schmales Bett. Ihre Wohnung war für eine junge Person eingerichtet. Für junge Personen, die ein schmales Bett teilen konnten und nicht wegen der kaputten Hüfte eine besondere Matratze und eine bestimmte Breite benötigten.

Die Wohnung. Ihr Vater war gekommen und hatte ihr geholfen, die Wohnung herzurichten. Die Wohnung war ein Werk ihres Vaters und sie hatte die unbenutzte Zahnbürste und den unbenutzten Rasierapparat ihres Vaterersatzes in der Lade im Badezimmer liegen. Warum hatte sie das gemacht. Warum hatte sie nicht darauf bestanden, ins Hotel zu gehen und ein Doppelbett. Hatte sie irgendwie Rücksicht genommen und ihn nicht den Möglichkeiten eines Doppelbetts aussetzen wollen. Hatte sie diese behäbige Männlichkeit schützen wollen und ihn sich erhalten im Gefühl, eine so junge Geliebte haben zu können. Hatte sie sich ganz einfach nur als Beute ausgelegt. Als Männlichkeitsbeweismittel.

Das mit dem Vaterersatz. Sie hatte ja auch den aus Frankfurt bezogen wie den richtigen Vater. Einmal waren die beiden sogar im gleichen Flugzeug angekommen. Sie hatte nicht gewusst, dass Walter auch nach Berlin kommen wollte und war verlegen gewesen und hatte sich vor ihm versteckt. Sie hatte sich eingeredet, dass sie ja nun keine Rechte ableiten wollte und er nicht den Eindruck bekommen sollte, sie spioniere ihm nach. Aber etwas musste sie gewusst haben, ohne es zu wissen. Sonst hätte sie ja arglos sein können und auf ihn zugehen und ihn begrüßen. Der Mann, der sich in ihrer winzigen Wohnung befriedigen ließ, den sollte sie begrüßen dürfen. Aber sie hatte nicht. Sie hatte nicht das Gefühl gehabt, auf ihn zugehen zu können und ihm in die Arme fallen. Und eigentlich. Er hätte sie sehen müssen. Er hätte fühlen müssen, dass sie dastand. Und er kannte ihren Vater. Er hatte ihren Vater sehen müssen und daraus schließen, dass sie am Gate sein könnte. Aber vielleicht war genau das der Grund, dass er eilig zu den Taxis hinaus und das Verstecken so einfach gewesen war. Er hatte verschlossen und wichtig dreingeschaut. Herrisch. Und sie hatte ihren Vater schlecht behandelt. Sie hatte auch Taxi fahren wollen und ihr Vater hatte doch einen Horror vor solchen Ausgaben. Ihr Vater hatte die Lippen zusammengepresst und sie hatte gesagt, dass sie schließlich ihr Geld verdiene und dass sie es ausgeben dürfe. Sie waren dann Bus gefahren. Aber es hatte lang gedauert, bis sie wieder lustig waren. Miteinander. Ihr Vater.

Sie konnte ihn vor sich sehen. Das Zündholz an ihre Zigarette hochhaltend. Er hielt den Arm steif abgewinkelt, als fürchte er sich vor dem Feuer. Was sie an einem solchen Mann finden könne, hatte er gesagt. Ein Mann, der noch älter wäre als er, ihr Vater.

War das ihre Art gewesen, das Haus anzuzünden.

Ihre Mutter hatte mit dem Brandstiften ihre Vergangenheit mit ihm vernichten wollen. Ihre Mutter gab mittlerweile zu, dass sie einen solchen Zorn auf diesen Mann gehabt hatte, weil er nicht funktioniert hatte. Der wirtschaftliche Misserfolg war ein hoher Preis für seine Sanftheit gewesen. Ihre Mutter gab zu, dass sie ihn wegen seiner Sanftheit geheiratet hatte und dass sie keinen Weg finden hatte können, ihm keinen Vorwurf zu machen. Ihre Mutter gab zu, dass sie sich selbst gehasst hatte dafür, diesem sanften Menschen seine Sanftheit vorzuwerfen. Die Wut über die Wut hätte alles so gesteigert, dass nichts mehr möglich gewesen war. Ihre Mutter fand es eine Leistung, dass die Trennung erst so spät zustande kam. Aber ihre Mutter musste zugeben, dass sie viel verloren hatte und dass die Wut über diese Erkenntnis die Brandstiftung ausgelöst hatte.

Hatte sie auch ihren erfolglosen Vater. Hatte sie ihn übertrumpfen wollen. Ihm zeigen, was ein Mann war. In ihren Augen.

Sie saß da. Es war doch wegen der Zeit. Es war nun doch wegen der Zeit die Frage zu stellen, ob sie sich mit Walter auseinandersetzen sollte. Sollte sie sich seine Seite der Dinge anhören. Sollte sie es sich antun, in einer solchen Schilderung relativiert zu werden. In einer solchen Schilderung der Selbstrechtfertigung. Er würde Verständnis einklagen. Er würde Verständnis für seine

Lage von ihr bekommen wollen. Wie bisher. Für ihn war mit dem Bildchen in der »Bild«-Zeitung ja nichts geschehen. Dr. Walter Widner und Frau. Für ihn war das so, wie es immer gewesen war, und er konnte sagen, dass sie immer alles gewusst hatte. Er würde gerade deswegen Verständnis einfordern und ihr vorrechnen, dass er ihr all das bieten konnte, was ihr Vater ihr nun nicht gegeben hatte. Glanz. Es ging um Glanz. Sie hatte sich glänzend fühlen wollen. Sie hatte es wirklich wie ihre Mutter gemacht. Die hatte diesen Glanz im Feuer des verbrennenden Hauses finden wollen und ihrem Mann vorführen, wie das ging. Mit dem Glanz.

Sie hatte sich an diesen Oldie angehängt und ihren Vorwurf ausgelebt, dass ihr Vater nicht so war wie andere Väter und dass ihre Mutter das Geld und den Glanz nach Hause gebracht hatte. Sie hatte geglaubt, sich diesen Oldie leisten zu können und war doch nur von ihrer Vergangenheit bestimmt gewesen. Sie musste sich das klarmachen. Sie musste sich das klarer machen.

»Ach Papa!« dachte sie. »Was für eine Zeitverschwendung.«

Orhan Ü.

Es war nicht wegen der Religion.

Er ging zur Eingangstür und schloss sie. Die Eingangstür zum 24-Stunden-Copycenter schloss nicht genau und jetzt im Winter. Der Eigentümer heizte nicht in der Nacht. Das würde sich nicht auszahlen, sagte er. Und er, sagte er dann noch. Er, der Orhan, er sei doch ein starker Mann, er bräuchte das doch nicht. Er bräuchte doch nicht geheizt.

Es konnte gar nicht wegen der Religion sein. Er ging nur mehr mit dem Vater in das Bethaus, und dann nur, wenn sein Baba diese Augenbrauen machte. Der Mutter war es gleichgültig. Das war ja vielleicht das Problem. Es war nur sein Vater. Der Mutter war das alles gleichgültig. Sie hatte ihre Wohnung. Er nahm an, dass die Mutter diese Wohnung behalten hatte wollen, weil dann niemand von den Verwandten da mitwohnen konnte, obwohl die Brüder seines Vaters immer schauen gekommen waren, ob es wirklich so klein war.

Es war so klein. Diese Wohnung. Es war so winzig, dass er sich da nur hinsetzte. Er kam in die Wohnung und setzte sich auf die Couch und blieb da sitzen, bis er wieder weggehen konnte, und die Mutter brachte das

Essen. Natürlich hätte jemand auf der Couch schlafen können. Aber er wusste, dass seine Anne jedem sagte, dass die Couch für ihn bereit sein müsse. Ihr Orhan müsse zu jeder Zeit die Möglichkeit haben, in der Wohnung seiner Eltern schlafen zu können. Ihr Oğul solle nicht einen Augenblick jemanden anderen brauchen müssen, und dann schaute sie den Vater an und der setzte sich gleich in seinen Lehnsessel und nickte.

Die kleine Wohnung in Penzing hatten sie seit dem Tod der Schwester. Die Schwester war mit 14 im Krankenhaus in Bludenz gestorben und die Mutter hatte nicht mehr da bleiben können. Sie war nicht einmal in die Wohnung da zurückgegangen. Sie war von dem Begräbnis nicht mehr zurückgegangen. Er war damals 10 gewesen und war zu einem Onkel gebracht worden. Er wusste nichts über diese Zeit. Die Eltern hatte er erst wieder in Wien gesehen. Da war fast ein ganzes Schuljahr vergangen und er hatte nicht ins Gymnasium gehen dürfen. Seine Noten und sein Verhalten waren dagegen gewesen, aber bei dieser Lehrerin bekamen Türken ohnehin nie die Noten, um ins Gymnasium zu kommen. Das war bekannt gewesen. Türken gehören in die Hauptschule, und wenn jemand gefragt hatte, dann hatte sie gesagt, dass jeder es ihr beweisen könnte. Jeder könnte es schaffen, aber in ihrer Erfahrung habe es eben noch kein Türke geschafft. Das war damals.

Aber das hatte sich nicht sehr geändert. Er war ja dann doch ins Gymnasium gegangen. Er hatte den Ömar gehabt. Das war nur einer aus dem Dorf von der Familie von der Mutter, aber der war ein besserer Bruder gewesen. Obwohl. In dieser Frage. Er konnte ihn nicht gut fragen. Der Ömar war mit einer Österreicherin verheiratet und hatte drei Kinder und wohnte in Graz und war da Dozent am Joanneum. Der Ömar hatte sich nicht einmal entscheiden müssen. Der Ömar hatte das immer schon so gewollt. Der Ömar hatte das geschafft. Aber mit der Frau und der Familie. Der Ömar hatte gar keine Zeit mehr für ihn. Er konnte sich ja überlegen, was der Ömar getan hätte. Der Ömar wäre mit der Sandra mit. Den Ömar ärgerte es, wenn eine mit dem Kopftuch daherkam. Das sagte der auch. Für ihn. Für ihn war das.

Er ging an die Kassa. Es war alles abgeschlossen. Die Kontrolllämpchen glühten. Während der Nacht war auch das Licht gedrosselt. Nur die Neonleuchten draußen leuchteten voll und färbten den Dämmer in dem großen Raum mit den vielen Kopiergeräten und Regalen und Arbeitstischen rosig. Er konnte sich wie ein großer Fisch vorkommen, wenn er so durch diesen rosigen Dämmer strich.

Es war eine Regennacht. Die Autos draußen zischten durch das Regenwasser und manchmal spritzte es bis an die Auslage. Er holte sich seinen Vliespullover aus dem Garderobenschrank. Als er von hinten zurückkam, stand die Tür wieder offen. Er ging hin und schloss sie. Er schob sie mit Kraft zu und sah sich um. Eine ältere Frau machte sich an einem Kopierer ganz links zu schaffen. Er ging hin. Die alte Frau sah auf. Sie war richtig alt. Ein furchiges Gesicht und diese verlangsamten Bewegungen. Sie wandte sich wieder dem Kopierer zu. Sie käme gleich an die Kassa. Sie müsse noch ihre Kundenkarte suchen. Sie wolle nur die Bücher abstellen, dann käme sie gleich zur Kassa.

Er blieb stehen. Die Frau holte Bücher aus ihrem Rucksack. Sie stapelte sie am Rand der Kopierfläche. Sie legte den leeren Rucksack auf einen Kopierer nebenan und begann, die Bücher mit dem Rücken zur Kopierfläche aneinanderzureihen. Die Buchrücken füllten nicht die ganze Breite des DIN-A4-Formats aus. Der Rest der Seite würde schwarz bleiben, sagte er, oder sie müsse ein Blatt hinlegen. Die Frau nickte. Sie ließ die Bücher kippen und ging an die Kassa. Sie kramte dann in einem Umhängetäschchen. Er wartete und sah über die alte Frau hinweg auf die regenspiegelnde Straße hinaus.

Er mochte diese alten Frauen. Sie waren umständlich. Aber sie waren immer höflich. Diese ja auch. Sie hielt ihm ihre Kundenkarte mit einem verlegenen Lächeln hin. Er zog die Karte durch den Scanner und gab sie ihr zurück. Er fragte nicht mehr, ob sie Hilfe brauchen könne. Das war gar nicht erwünscht und ihm konnte es gleichgültig sein, wie lange sie da herumtat. Die jungen Frauen. Er setzte sich auf den Hocker an der Kassa. Die jungen Frauen waren nie höflich. Sie bedankten sich nicht, wenn er ihnen etwas brachte oder ihnen helfen musste, weil sie ein Gerät nicht bedienen konnten. Die sahen ihn gar nicht. Oder sie schauten ihn so prüfend an. Er hatte dann Lust, seinen Bizeps anzuspannen und ihnen hinzuhalten. Zum Fühlen. Er war stark. Kraftkammer und das Tanzen. Und eigentlich immer weniger Kraftkammer und immer mehr Tanzen. Seit er mit Acarkan das Duo machte. Seither kam er immer weniger dazu, seinen Bizeps hochzupumpen, und der Acarkan fand das sowieso falsch. Wegen der Beweglichkeit. Als Technotronic-Duo mussten sie sich sehr schnell bewegen können. Acarkan war schwul. Er musste aufpassen, dass das mit dem Technotronic nicht bekannt wurde. Das sollten seine Eltern sich gar nicht überlegen müssen. Das konnte ja nur er wissen, dass ihm das Spaß machte und dass er deshalb nicht gleich schwul sein musste. Den Acarkan, den konnte er schon hinkriegen und der hatte ja seinen Pakistani. Der hatte einen Tanzpartner gebraucht und es war sein männliches Auftreten. Sein männlicher Stil, der ihnen die guten Reihungen in den competitions brachte. Das musste der Acarkan zugeben.

Die alte Frau stieß einen kleinen Schrei aus. Er ging hin. Es gelang der alten Frau nicht, die Bücher auf ihre Buchrücken gestellt ruhig zu halten. Auf jeder Kopie waren schwarze Ränder, wo ein Buch nicht fest auf die Kopierunterlage gedrückt geblieben war. Ob er diese Bücher halten könne, fragte die alte Frau. Er seufzte. Er dürfe das eigentlich nicht. Er dürfe nur die Maschinen bedienen. Die Frau nickte und er machte es. Er hielt die Bücher zusammen und drückte die Buchrücken fest gegen die Kopierplatte. Die alte Frau drückte auf Kopieren. Der Blitz blendete sie beide, obwohl er zur Seite geschaut hatte. Die Kopie war dann klar. Buchrücken war an Buchrücken gereiht. Der Rest der Seite war schwarz. Die Frau schaute das Blatt lange an, dann nickte sie und begann von neuem. Sie kümmerte sich nicht mehr um ihn. Sie begann, die Buchrücken anders anzuordnen und murmelte vor sich hin. Er ging weg.

Er schlenderte in den Raum nach hinten. Er hatte alles erledigt. Die Regale waren aufgefüllt. Er hatte die Lagerlisten ergänzt und in die Lagerhaltung eingegeben. Er schob einen Stoß Papierpackungen zurecht. Er hatte es gern, wenn die Regale so angefüllt waren und alles ganz genau geordnet war. Er war deshalb auch gerne in der Nacht da. Es war nicht nur wegen des besseren Geldes. Und der Abenddienst hatte ja zum Technotronic geführt.

Der Acarkan hatte die Wettkampfregeln kopiert. Gerade um 1 Uhr am Morgen. Der Kevin war schon da gewesen und er hatte noch rasch die Farbeinstellungen für den Acarkan überprüft. Wegen der Bilder und weil man bei diesem rosigen Licht die Erfahrung haben musste. Aber der Acarkan hatte gelacht. Diese Flugblätter, die würden bei Discobeleuchtung gelesen werden. Da wäre es noch dunkler und dann hatte er ihm erklärt, was das war. Technotronic. Und dass da immer competitions abgehalten würden. Dass er keinen Partner habe. Im Augenblick. Und dass das für ihn das Einzige sei. Er lebe für Technotronic. Ihn hatte das nicht so interessiert. Das war ja irgendwie auch altmodisch. Das war aus den 90ern. Aber er war mitgegangen. Weil er ohnehin nicht schlafen konnte, wenn er aus dem Copyshop kam, und dann hatte er mitgemacht. Es fühlte sich gut an. Wenn man es dann konnte und der Ablauf der Bewegungen so von alleine. Das war ein gutes Gefühl. Und es beeindruckte die Mädels. Wenn sie mit dem Nachtbus nach Hause fuhren, dann stand er auf und tanzte ein bisschen und eine interessierte sich immer. Die glaubten dann manchmal, dass er auf Drogen war. Wegen der seltsamen Bewegungen. Aber es ging ja nicht darum. Doch dieses Nachtleben hatte sich sehr ausgedehnt. Er war jede Nacht von Donnerstag bis Sonntag unterwegs. Das war lustig. Am Anfang war das spannend gewesen. Die Technotronic-Türken. Mittlerweile waren sie überall bekannt und Acarkan wollte, dass sie zur Weltmeisterschaft in Technotronic nach Paris fuhren.

Der Kopierer surrte und dann polterten die Bücher auf den Boden. Die alte Frau hatte sich wegen des Lichtblitzes vom Kopierer weggedreht und in der Drehung hatte sie die Bücher nicht fest genug gehalten. Er lief hin und half ihr, die Bücher aufzuheben. Er holte einen Sessel und stellte ihn ihr hin. Er schob sie vom Kopierer weg und auf den Sessel. Ihre Knochen waren gleich unter der gefütterten Regenjacke zu spüren. Die Schulterknochen sehr scharf. Er hatte sie so angefasst, wie man es ihm in der Ausbildung beibrachte. Die Handflächen vorsichtig schiebend und langsam. Alte Frauen wie diese. Solche traf er im Spital dauernd. Sie waren bemüht, keine Last zu sein und alles gleich richtig zu machen. Deshalb die ganze Handfläche. Zur Beruhigung. Damit sie sich sicher fühlen konnten und ruhig in der gewünschten Position verblieben. Die Frau Zenker schaute ihn immer so an und sagte, dass er eine mütterliche Hand habe, wenn er wieder eine Patientin richtig eingestellt hatte. Aber er sollte mehr lernen. Er sollte sich wirklich richtig auf diese Prüfung vorbereiten.

Die alte Frau stand wieder auf. Sie begann von neuem, ihre Bücher mit dem Rücken auf die Kopierfläche zu ordnen. Wofür sie das denn brauche, fragte er. Die alte Frau sah ihn an. Das könne er gar nicht verstehen, sagte sie. Da sei sie sicher. Das könne er nicht verstehen.

Er ging an die Kassa zurück. Draußen zog eine Gruppe Jugendlicher vorbei. Sie schauten durch die Auslage herein. Eine junge Frau drückte ihr Gesicht gegen die Glasscheibe und hielt ihre Hände neben das Gesicht. Dann winkte sie ihm zu. Er winkte zurück. Die draußen lachten und zogen weiter. Ihm machte das nichts. Er arbeitete gern, wenn die anderen frei hatten. Dieser Job da. Der reichte gerade für die Miete. Mehr brauchte er nicht. Seine Eltern halfen ihm noch. Aber er sollte diese Prüfung machen und dann so schnell wie möglich abschließen und arbeiten. Richtig arbeiten. In einem Spital oder in einer Praxis. Röntgenassistenten verdienten nicht viel, aber er hatte nicht so viel Ehrgeiz. Er war nicht wie der Ömar. Er war schnell zufrieden. Für den Acarkan zu schnell. Der musste ihn immer antreiben.

Der Kopierer schnurrte. Die alte Frau presste ihre Augen über dem Licht zu. Er konnte sie hinter ihrem Kopierer sehen, wie sie die Bücher umklammerte und mit dem Ellbogen die Kopiertaste bediente, weil sie beide Hände für die Bücher brauchte.

Er war noch zu jung. Er sollte sich nicht Gedanken machen. Er musste sich nicht entscheiden. Die Eydergün hätte den Vorteil gehabt, dass sie mit seinen Eltern reden hätte können. Seine Mutter hätte sich über eine Frau wie die Eydergün gefreut. Deswegen. Seine Mutter trug das Kopftuch nicht so. Seine Mutter trug immer ein Kopftuch. Aber sie verbarg ihre Haare nicht ganz. Sie trug kein Untertuch. Die Eydergün. Man konnte kein Haar von ihr sehen. Er musste seine Mutter fragen. Mit der Frau vom Ömar waren seine Eltern freundlich. Sie waren zur Hochzeit gegangen und seine Mutter hatte geweint und ihnen Glück gewünscht. Von der Sandra wusste er jede neue Farbschattierung. Die Sandra färbte ihre Haare alle Augenblick anders und hatte ihre Haare damit kaputtgemacht. Aber die Punkfrisur schaute gut aus. Im Kurs wurde das besprochen. Dass er sich für die Sandra interessierte, aber dass er der Eydergün beim Lernen half.

Die alte Frau hatte mit dem Kopieren aufgehört. Sie kam zur Kassa und fragte, ob er ihr einen Locher borgen könne. Er stand auf und nahm den Locher. Sie gingen nebeneinander zum Kopiergerät. Da sei sie sehr froh, das er einen Locher herborgen könne. Dann könne sie nämlich dieses Blatt einordnen. Er reichte ihr den Locher. Sie habe in diesem Ordner jetzt schon einen großen Teil ihrer Bücher eingefangen, sagte die alte Frau. Sie lochte ein Blatt, auf dem die Buchrücken klar zu sehen waren. Sie kopiere die Buchrücken und habe sich diesen Ordner gemacht, weil sie aus ihrer Wohnung müsse und dann kein Platz mehr sein würde. Für die Bücher würde dann kein Platz mehr sein. Und dann habe sie die in dem Ordner. Als stünden sie noch im Regal. Die alte Frau reichte ihm den Locher und er nahm ihn zurück.

Die alte Frau steckte vorsichtig den Ordner in ihren Rucksack. Dann begann sie die Bücher einzuordnen.

Renate S.

Es war nicht wegen des Erfolgs.

Wegen des Erfolgs war gar nichts nötig. Das war zu lernen gewesen, dass Erfolg etwas anderes war als die Zustimmung bei einer Diskussion. Ja, es war zu lernen gewesen, dass das Gegenteil der Fall war. Die Zustimmung bei einer Diskussion. Das war angenehm. Da ging sie mit einem guten Gefühl weg. In Erinnerung blieb davon nichts. In Erinnerung blieben die schwierigen Situationen. Die Bedrohungen. Die Beschimpfungen. Die Verächtlichkeiten. Die Besserwissereien. Die herablassenden Dummheiten. Und das eben. Das war ja wieder so eine unglaubliche Herablassung gewesen.

Sie richtete sich auf und legte ihre Hände auf den Tisch vor sich. Der Hörsaal stieg rund um an und wenn sie den Kopf nicht hob, dann musste sie niemanden sehen. Die Filmemacherin auf dem Podium neben ihr redete. Sie reagierte aggressiv auf die Wortmeldung dieser Frau. Ihr Ton war spitz und sie schaute beim Sprechen auf ihre Hände. Der Moderator schaute der Filmemacherin von der Seite beim Reden zu. Die Soziologieprofessorin schaute leer vor sich hin. Der Philosophieprofessor links von ihr schaute zur Decke hinauf.

Die Filmemacherin antwortete auf die Dummheit in der Wortmeldung dieser Person.

War das genug. Sie lehnte sich zurück und schaute die Frau an. Die Frau saß in der linken Hälfte des Halbrunds des Hörsaals. Sie war um die 50. Sie war ohne Make-up und ihre Haare betont linkisch geschnitten. Jetzt hielt sie den Kopf gebeugt, aber das kleine Lächeln war an ihren Wangen zu sehen. Triumphierte diese Person.

Sie lehnte sich vor und versuchte die Miene dieser Person genauer zu sehen. Diese Person triumphierte. Es war ihr genug gewesen, ihre Wortmeldung loszuwerden. Die kühlen Sätze der Filmemacherin erreichten die gar nicht. Dieser Person hatte es gereicht, diesen Satz vor das Podium zu werfen. »Ich muss jetzt wirklich etwas sagen.« hatte diese Person ihre Wortmeldung begonnen. Sie müsse jetzt einmal wirklich auch etwas sagen und dann hatte sie gesagt: »Ich. Ich bin ja mit einem Künstler verheiratet und ich weiß, wie das ist, mit der Kunst.«

Sie fragte sich, musste frau sich mit der Verachtung in diesem Diskussionsbeitrag beschäftigen. Sie schaute wieder auf ihre Hände. Renate, sagte sie sich. Es muss nicht immer die Welt gerettet werden. Es ist vollkommen gleichgültig, was so eine Person von sich gibt. Auch wenn sie Soziologie lehrt, ist das vollkommen gleichgültig. Du musst dich nicht wieder anstrengen. Es wird dich niemand verstehen. Es wird dich niemand verstehen wollen und du machst nichts anderes als einen Zirkusakt für diese Leute da. Diese Soziologen. Die sollen sich selber etwas beibringen. Wenn die nicht das Private und das Öffentliche auseinanderhalten können. Wenn deine Anwesenheit allein schon eine solche Wortmeldung auslöst. Wenn diese Person sich schon über dich und deine Arbeit so geärgert hat, dass sie das sagen muss. Dass sie ihre Wortmeldung mit ihrem Mann legitimieren muss. Dass sie sich in einer öffentlichen Diskussion über die Leistungsmöglichkeit von Soziologie und Ästhetik auf ihren Mann beziehen muss. Auf ihren Ehemann.

Sie lehnte sich zurück. Wenn sie das schon hörte. Mein Mann. Oder. Meine Frau. Wenn einem diese Leute ihren Besitzstand aufzählen mussten. Und natürlich hieß das nichts anderes, als dass diese Leute einem erklären wollten, dass sie Sex hatten. Wie auch immer. Vielleicht wurde mit diesem Besitzstand ja ohnehin nur die Möglichkeit von Sex markiert. Sagte dieses »Mein Mann« oder dieses »Meine Frau« nicht nur einfach, dass es Sex geben konnte. Dass Sex möglich war und dass dieser Sex heterosexuell war. Eine solche Bemerkung beschrieb, dass man normal war. Dass keine Abweichung vorlag. Keine sexuelle Abweichung von der vorgeschriebenen Norm. Mit einer solchen Bemerkung. Da reklamierte sich eine in diese Norm und bezog ihre Berechtigung daraus. »Ich bin verheiratet.« Wie hatte sie das gesagt. Diese Person hatte nur kurz aufgesehen und an der Stelle, an der sie gesagt hatte, dass sie nun wirklich etwas sagen müsse, da hatte sie mit der flachen Hand auf die blassgrüne Pultoberfläche geschlagen. Nachdruck. Diese Frau hatte der Tatsache, dass das, was sie sagen musste, dass das wirklich gesagt werden müsse. Dem hatte diese Frau Nachdruck verleihen müssen.

Wirklich. Wenn jemand sagte, dass nun wirklich etwas gesagt werden müsse. Wirklich. Das war eine Einleitung in Wahrheiten. Das war eine Einleitung in Notwendigkeiten. Das leitete Unumgänglichkeiten ein. Urteile wurden so begonnen. Im Namen des Volks musste nun wirklich gesagt werden, diese Person. Diese Personen da unten auf dem Podium des Hörsaals. Diese beiden Frauen. Diese beiden Künstlerinnen. Es musste denen wirklich einmal die Wahrheit gesagt werden. Und die Wahrheit. Die Wahrheit war, dass diese Frau mit einem Künstler verheiratet war. Ihr Mann sei Künstler. Und dass die Tatsache, dass diese Frau mit einem männlichen Künstler verheiratet war, diese Frau ermächtigte, über Kunst und wie sie gemacht wurde eine gültige Aussage zu machen. Diese Frau fühlte sich aus der Tatsache, dass dieser Künstler von Amts wegen mit ihr ins Bett ging. Oder gehen musste. Jedenfalls mit ihr ins Bett gehen sollte. Dass sie deswegen ein Urteil über Kunst und wie die gemacht wurde fällen konnte. Ein allgültiges Urteil. Das war nicht schwierig. Von der Aussage »Mein Mann ist Künstler« zur Aussage »Mein Mann ist Gott« war der Weg nicht weit. Der Weg war vor allem deshalb nicht weit, weil er nur die Norm entlang führte.

Hätte diese Frau gesagt, ihre Frau wäre Künstlerin und deshalb wüsste sie etwas über Kunst und wie Künstlerinnen diese machten. Es wäre auch eine unzulässige Vermischung von Privat und Öffentlich. Es wäre auch nur gesagt, wie die Sexualität dieser Frau orientiert war. Aber als bekennende Lesbe. Es wäre der Bericht einer Minderheit und darin immerhin ein Bericht. Dass der Ehemann dieser Frau ihr der Gott war, von dem sie auf alles andere schließen konnte. Das war der Bericht aus der Macht der Mehrheit und schon darin ein Bekenntnis zu Vorherrschaften, die jede Kunst ausschlossen. Diese Frau erstickte die Kunst ihres Mannes im nicht einmal versteckten Bewusstsein seiner männlichen Allmacht. Sie gab ihm die Allmacht des heterosexuellen Gottes und löschte damit die Frauen auf dem Podium unten im Hörsaal aus.

Wir müssen ihr wirklich auf die Nerven gegangen

sein, dachte sie und schaute wieder zu dieser Frau auf. Die schaute weiter auf ihre Hände vor sich auf dem Pult. Neben ihr saß ein Mann in einem orangen Pullover. War das der Mann. Er schaute ihr strahlend in die Augen. Lächelnd. Dieser Mann lächelte strahlend und offen. Wenn das der Mann dieser Frau war. Der freute sich darüber, dass seine Frau ihn gerade öffentlich kastriert hatte.

Sie musste ihren Sessel zurückschieben. Das war alles noch viel schlimmer. Wenn dieser Mann der Künstler war, mit dem diese Frau verheiratet war und der den Grund darstellte, warum diese Frau alles über Kunst wissen konnte. Wenn dieser Mann der Ehemann dieser Frau war, die seine Kunst in eine Totalität verspann. Sie hatte ja behauptet, alles über Kunst zu wissen, weil sie mit einem Mann verheiratet war, der für sie offenkundig alles abdeckte, was Kunst bedeutete. Wenn dieser Mann sich seine Macht so zurückgeben ließ, dann konnte er keine Kunst machen. Dann wurde eine Ehe, die diesen totalen Glauben aneinander abzwang. Die die vollkommene Zuwendung zueinander mit sich brachte. Die alle Argumente außerhalb außer Kraft setzte. Dann war eine solche Ehe das Gegenteil von Freiheit und das, was der Mann da machte. Wie sollte sie das nennen.

Und die Bitterkeit. Diese Frau hatte das gesagt, weil sie annahm, dass sie beide keine Männer hatten. Nicht verheiratet waren. Sie behielt ihr Privatleben für sich. Diese Frau konnte nicht wissen, dass sie verheiratet war, dass sie aber dabei war davonzugehen. Sich wieder scheiden zu lassen. Weil es nicht ging. Es ging nicht, jemandem zugeordnet zu sein. Jemandem zugeordnet werden. Von jemandem in eine Ordnung aufgenommen zu werden, der über die Ordnung bestimmte. Ihr Mann. Sie musste grinsen. Ihr Mann war ein Journalist. Ihr Mann hatte sich nicht in einer Diskussion zu ihr bekannt. Ihr Mann hatte sich nicht öffentlich vor sie gestellt und behauptet, ihretwegen alles von der Kunst zu verstehen. Das hätte er nicht mehr gemacht. Ihr Mann war da weitergekommen. Ihr Mann wusste, dass sie in einem solchen Fall aufgestanden wäre und weggegangen. Und für immer, wenn ihr Mann ihr die Freiheit so genommen hätte und sie gemütlich eingewickelt in die Segnungen der Institution Ehe. Nein. Ihr Mann, der war sehr viel weiter und trotzdem am gleichen Ort wie diese Frau. Ihr Mann hatte sie gebeten, auf eine Ausstellungseröffnung nicht mitzukommen. Sie fände doch ohnehin alles falsch da. Ihr Mann hatte nur das Gegenteil gemacht. Er hatte sich von ihr weggestellt und ihre Kunst von der Beziehung vollkommen freigestellt, aber es war dann doch sie, die diese Videos machte. Ihre Kunst war nicht von ihr zu trennen, aber sie war nicht ihre Kunst. Und am Ende.

Hier ging es um Verteilung. Diese Frau wollte Platz für ihren Mann, und weil sie Frauen sowieso verachtete und das in Ruhe tat, ohne es wissen zu müssen. So weit war die Wissenschaft da nicht gediehen. Zweigeteilt in eine Wissenschaftlerin würde diese Frau sehr ordentlich ihr gender mainstreaming betreiben und als Frau verblieb sie unbefragt in den Normen, die Macht versprachen. Macht und Schonung. Das war das Motto dieser Frau. Macht für den Mann und Schonung für sich. Wie angsterfüllt musste sie sein. Sie konnte die Macht nicht für sich verlangen, weil dann die Schonung wegfiel. Diese Frau hatte das vorgeführt. Diese Frau hatte als Agentin gehandelt. Als Agentin der Machterhaltung des Prinzips der Beherrschung. Weil sie eine Frau von heute war, deshalb konnte sie das so offensiv machen. In einer öffentlichen Diskussion. Sie konnte damit rechnen, widerständig zu wirken. Der neue Widerstand wollte die alte Beherrschung als neues Prinzip vorführen. Und es waren alle aufgewacht bei der Wortmeldung dieser Frau. Alle hatten die Köpfe gehoben und hatten geschaut, was die beiden Künstlerinnen dazu zu sagen hatten, dass eine Wissenschaftlerin alles über Kunst wusste, weil sie mit einem Künstler verheiratet war.

Verheiratet. Das war wie eine Hautfarbe. Das war wie ein Religionsbekenntnis. Sollte sie sagen, sie wäre ja nun auch verheiratet und dass das zu ihrem Wissen über Kunst nichts beigetragen hatte, weil sie sich dieses Wissen selbst verschaffte. Es war so, als hätte diese Frau gerufen: »Ich bin Arierin und jetzt gesteht einmal. Was seid denn ihr beide da!« Jedes Bekenntnis, auch verheiratet zu sein oder mehrmals verheiratet gewesen zu sein. Es war ihre dritte Ehe. Jedes Bekenntnis hätte sie eingereiht. Sie wäre durch ein solches Bekenntnis in die verheirateten Heterosexuellen eingereiht worden und alle hätten freundlich genickt. Ja, hätten die Leute genickt. Das ist eine von uns und jetzt darf sie sagen, was sie will, weil wir jetzt wissen, dass sie ja doch am Ende normal ist und zu uns gehört und wir müssen uns mit ihrer Kunst nicht mehr auseinandersetzen, weil sie zu uns gehört. Alle würden zufrieden sein. Sie würde gut angekommen sein. Sie hätte sich unterworfen. Sie hätte sich dieser Normierung unterworfen und die Frau würde nach der Diskussion zu ihr kommen und sagen, dass es nicht so gemeint gewesen war. Sie würde sich verbrüdern mit ihr und das wollte sie nicht. Das konnte sie nicht. Sie musste lächeln über sich. Sie wollte sich verschwestern und das war etwas ganz anderes als diese Bestätigung der Ungefährlichkeit. Diese Frau würde ihr auch ihren Mann vorstellen wollen und damit die Harmlosigkeit unterstreichen. Wenn sie sich unterworfen gehabt hätte, würde sie mitspielen dürfen. Sie würde vielleicht sogar ins Atelier eingeladen werden und die Ehefrau würde Lachsbrötchen fabrizieren und es würde Wein geben. Sicherlich würde das irgendein besonderer Wein sein. Ein Wein, den der Künstler irgendwo bei einem ganz kleinen Winzer entdeckt hatte. Ein billiger Wein, der durch die Anerkennung des Künstlers zu einem besonderen Wein aufstieg. Der Künstler verwandelte durch seine Zuwendung den einfachen Wein in einen besonderen Wein. Der Künstler als Gott. Das führte heute gerade noch zu billigem Wein und totalitären Ehefrauen. Bürgerlich halt. Mit allem, was das hieß.

Die Filmemacherin neben ihr hatte ausgeredet und schaute ins Publikum. Ob es Fragen gäbe. Der Moderator schaute sich um. Eine Frau rechts stand auf und begann ein Koreferat. Dass sie auch so arbeite wie die Filmemacherin, dass sie das gut fände und dass sie eine Lehrveranstaltung anbiete, in der die Techniken dieses Arbeitens weiterentwickelt würden.

Sie lehnte sich wieder nach vorne. Sie zog die Beine an. Sollte sie überhaupt irgendetwas sagen. War es nicht besser, gar nichts zu sagen. Diesen Angriff ins Leere verlaufen lassen. Warum die eigenen Kräfte mit diesem Kampf verbrauchen.

Sie schaute auf. Die Frau, die ihren Mann ins Spiel gebracht hatte, schaute ihr in die Augen. Diese Frau schaute sie trotzig an. Nicht herausfordernd. Nicht kampfeslustig. Sie schaute sie trotzig an.

Renate, sagte sie zu sich. Es ist Mutterproblematikalarm.

Sie kannte das. Sie war nicht mehr jung. Sie schaute nicht mehr jung genug aus, die Illusion aufrecht zu halten, dass sie eine Mitstreiterin war. Dass sie in einem Nebeneinander mit den Frauen im Publikum war. Sie war die ältere. Das hieß aber nicht, dass die Frauen ihr Erfahrung zugestanden. Meisterinnenschaft. Das taten eher die Männer. Für die war sie sexuell keine Herausforderung mehr und deshalb konnten die ihre Arbeit deutlicher sehen. Die Frauen wurden immer wütender. Mit jedem Jahr, das sie älter geworden war, hatte sie nun die Erfahrung gemacht, dass die Frauen immer wütender wurden. Dass diese Frauen mit einem Gefühl der Beraubung reagierten. Als nähme sie ihnen mit ihrem Erfolg etwas weg. Als würde ihr Erfolg die anderen Frauen etwas kosten, und sie dachte an die Freunde in Chicago und wie die sich mit einem freuten, wenn etwas gelungen war.

Sie schaute sich um. Das Publikum. Alle waren gelangweilt. Die Soziologin, die ihre Lehrveranstaltung anpries, wollte nicht zu einem Ende kommen. Immer wieder holte sie Luft und begann von neuem. Eine Unruhe war entstanden. Sie konnte sich vorstellen, dass ein Exodus beginnen könnte. Sollten sie gehen. Ihr war das recht. Warum sollte sie überhaupt Stellung nehmen zu Vorwürfen, die mit diesem Rassismus vom Verheiratetsein eingeleitet wurden. Warum sollte sie hier die Errungenschaften der Französischen Revolution verteidigen.

Aber natürlich musste frau genau das. Bis nach Graz waren diese Errungenschaften nicht gekommen. Bis nach Graz konnten diese Errungenschaften nicht gelangt sein. Da war diese erbitterte Feindschaft des Erzhauses Habsburg gegen die Revolution dazwischen. Diese Frau, die sich da auf ihren Künstlermann bezogen hatte. Die musste das wahrscheinlich. In der Verkommenheit der Lebenskultur nach all den Verlusten und Schandtaten des 20. Jahrhunderts. Wahrscheinlich kam sich die geordnet und fromm vor, wenn sie sich vor ihren Mann stellte. Wahrscheinlich war diese Bezogenheit auf einen Künstler schon das meiste, was da geleistet werden konnte, sich zwischen diesen Verlusten und der Verkommenheit davon durchzuschiffen. Diese Wissenschaftlerin hatte sich mit einem Studium ein Mäntelchen angezogen, unter dem sie die nazideutsche Hausfrau bleiben hatte können. Nie hatte irgendjemand auch nur gefragt, was oder wer unter diesem dünnen Mäntelchen eines solchen Studiums verborgen war. Nie hatte irgendjemand sich dafür interessiert, wie viel nazideutsche Hausfrau da übrig bleiben hatte können. Diese Frau war ja eine Frau und Graz weit weg vom Deutschen und jeder Prüfung entzogen, die das in Deutschland nach sich zog.

Ein kleines Inselchen völkischen Empfindens, und sie konnte es Liebe nennen. Oder Zuwendung. Eine gute Beziehung oder eine schöne Ehe. Und wenn der Mann im orangen Pullover der Mann zu dieser nazideutschen Hausfrau war, dann tat ihm das gut. Das glänzend fette Lächeln und die gut gepolsterte Statur. Diesem Mann ging es richtig gut. Die Frau sah älter aus. Sie war nicht so gut ausgefüllt wie er. Ihre Haare glanzlos und auch schlecht geschnitten. Bei ihr sah das ein wenig selbstquälerisch aus. Selbstverächtlich. Ich bin das nicht wert oder ich brauche so etwas nicht. Das konnte es natürlich auch sein.

Renate, sagte sie zu sich. Hör auf. Das Ganze hat keinen Sinn. Niemand will etwas begreifen. Du bist eine Videokünstlerin und musst die Welt nicht retten. Lass es.

Sie schaute wieder auf und traf auf den Blick der Frau. Der Moderator fiel der Rednerin ins Wort und beendete für sie die dritte Ankündigung ihrer Lehrveranstaltung. Es war allen klar, dass diese Frau sich irgendwo beworben hatte und mit dieser Wortmeldung dieser Bewerbung Nachdruck verleihen hatte wollen.

Es war allen klar, dass diese Frau ein akademisches Coaching machte, in dem ihr gesagt worden war, dass sie sich bei jeder Gelegenheit präsentieren musste. Es war jedem klar, dass das nichts helfen würde.

Sie konnte das sehen, wie erleichtert alle waren, dass dieser Beitrag abgekürzt worden war. Der Moderator beugte sich vor und suchte ihren Blick. Ob sie noch etwas zu den Angriffen von vorhin sagen wollte.

Sie beugte sich vor, holte Luft und sah auf. Wieder traf sie auf den Blick der Frau, die als Ehefrau des Künstlers gesprochen hatte.

Ulrike M.

Es war nicht wegen der Einsamkeit.

Es war überhaupt nicht wegen der Einsamkeit. Die Einsamkeit war diesem Alleinsein vorzuziehen. Dieses Alleinsein, das sie so wütend gemacht hatte. Jetzt wusste sie, dass ihre Wut mehr gewusst hatte als sie. Ihre Wut hatte gewusst, dass er da mit der anderen zusammen gewesen war. Sie hatte sich allein gelassen gefühlt und vernachlässigt, aber sie wäre im Traum nicht auf die Idee gekommen, dass er sie betrügen würde.

Sie musste aufstehen und zum Fenster gehen. Die Erinnerung an diesen unbedingten Glauben. Ihr Solarplexus krampfte sich ein und sie hätte sich krümmen müssen. Wäre sie zu Hause gewesen, sie hätte sich auf dem Sofa zusammengekrümmt und in einen dieser Weinkrämpfe verfallen müssen, nach denen sie stundenlang die Kühlmaske um die Augen tragen musste. Eine Fernsehmoderatorin mit verweinten Augen.

Sie schaute hinaus. Vom Fenster des Wartezimmers konnte sie weit vorne die Königsallee sehen und wie die Massen die Königstraße querten. Rechts lag die Johanneskirche, die zur Hälfte ein Café war. Sie war da gesessen und hatte gewartet. Sie sollte noch einmal dahin zurückkehren. Die Ruhe da. Sie sollte dort warten und sich holen lassen. Ein moderiertes Gespräch. Wie hatte sie sich darauf einlassen können. Es war alles ganz einfach. Jeder bekam das zurück, was er eingesetzt hatte. Es war schließlich nur eine Lebensgemeinschaft gewesen. Sie hatte alle Rechnungen aufbewahrt. Es war nichts strittig. Ihre Anwältin sollte das erledigen. Er war ausgezogen und er würde bekommen, was ihm zustand. Irgendwie hatte sie ohnehin alles richtig gemacht. Ihre Ordnungsliebe. Er hatte sich lustig gemacht darüber. Dass sie alles in Ordner aufteilen musste. Dass sie ewig lange dasitzen hatte können und überlegen, wie sie ihre Dokumente ordnen sollte. Nach dem Lauf des Lebens oder nach den Bereichen. Das Leben. Die Ausbildung. Die berufliche Laufbahn. Die Erfolge. Die Gesundheit. Was machte man mit all diesen Röntgenbildern, auf denen vermerkt war, dass man sie aufheben sollte, und die dann trotzdem niemand ansehen wollte und neue gemacht wurden. Niemand verglich die Röntgenaufnahmen von ihrer Wirbelsäule miteinander. Sie sollte sich einen Arzt suchen. Oder eine Ärztin. Jemanden mit einem Verständnis für dieses Interesse daran, wie man zu etwas geworden war. Wie der Bandscheibenvorfall mit 32 ausgesehen hatte und was von ihm nun 10 Jahre später zu sehen war. Sie hatte das bewältigt. Sie hatte diesen Bandscheibenvorfall bewältigt, wie sie ihre Sprache bewältigt hatte, bis nichts mehr von dem »kölsche Mädche« übrig geblieben war und sie ein alldeutsches Deutsch sprechen konnte, das niemanden mehr an irgendeine Region erinnerte. Nicht einmal in Österreich oder der Schweiz konnte man an ihrer Aussprache Anstoß nehmen.

Nein. Es war nicht wegen der Einsamkeit, dass sie so wütend war. Es war die Lächerlichkeit. Wenn er wenigstens zu einer Jüngeren weitergegangen wäre. Es war immer klar gewesen, dass Ben weitergehen würde. Sie hatte ihn nicht geheiratet deswegen und er hatte sich ja auch nicht scheiden lassen. Deswegen, hatte sie gedacht. Sie hatte gedacht, er würde sich nicht scheiden lassen, damit er in Ruhe seine Frauengeschichten entlangspazieren und nie eine Entscheidung treffen konnte.

Es war nicht wegen der Einsamkeit und es war nicht wegen des Geldes. Über das Geld. Da musste sie lächeln. Dass er behaupten konnte, für sie gearbeitet zu haben, das war lächerlich. Er hatte nie etwas getan und das war nachzuweisen. Wenn er das wollte. Ihr war das recht. Ihr würden die Anwaltskosten nicht schwerfallen. Vor allem, wenn er sie bezahlen musste. Und nur weil einer einmal in einer Klinik angerufen hatte, und ihren Operationstermin verschoben, deshalb wurde einer nicht gleich zum Privatsekretär. Es war die Vermutung, dass er mit dieser Frau die ganze Zeit zusammen gewesen war und dass die beiden darin konspiriert hatten, sie auszunehmen. Sie hatte alles überprüft. Es waren keine großen Beträge. Aber über die Jahre. Sie waren 5 Jahre zusammen gewesen und hatten ein mondänes Leben geführt. Aber es war ja sie gewesen, die diesen anstrengenden Beruf hatte.

Sie trat einen Schritt zurück und schaute ihre gespiegelten Schatten an. Bis jetzt nur die Augen und das Kinn. Das würde weitergehen. Das war anstrengend. Er war da ohnehin nie eine Hilfe gewesen. Er war in die Kliniken nie gekommen. Das könne er nicht. Er könne seine Rike nicht leiden sehen. Zum Glück. In der rechtlichen Auseinandersetzung. Das war eine schwere Verfehlung. Die andere Person in ihrer Not allein lassen. Dafür gab es keine guten Noten. Die traurigen Zeiten. Dieses Liegen und Warten. Dieses Herumgehen im Klinikpark. Auf den Gängen. Bis zur Rückkehr in die wirkliche Welt und die prüfenden Blicke, ob es auch gelungen war. Ob es auch nicht zu sehen war, aber die Wirkung verbessert. Ob es so gut gelungen war, dass man sagen konnte, man hatte sich die Augen richten lassen und »Schauen Sie! Es ist gar nicht zu sehen.« und sich freuen. Das mit dem Kinn und dem Hals. Das interessierte niemanden. Das war selbstverständlich. Wie sollte man anders ins Bild kommen. Nur noch Rollkragen, das ging nicht und der Intendant hatte es gar nicht gemerkt. Der Intendant war natürlich selbst ein fetter und ausgefressener Kerl, der sich nie im Medium zeigen hätte können. Der hatte keine Ahnung, was es hieß, die Blicke der Techniker auf sich zu haben. Die Techniker. Je unwichtiger, desto grimmiger waren die. Aber die konnten so eine Missachtung von sich geben. Es war wie ein Geruch. Aber es war dann sie, die schlecht roch und nicht diese Männer. Am Ende konnten die ihr ihren Geruch umhängen.

Es war natürlich genau diese Unsicherheit, die sie so charmant machte. Diese Unsicherheit ließ sie jede Person verstehen, die sie befragte. Wahrscheinlich präsentierte sie den Geruch dieser Personen. Als Tauschobjekt. Die böse gelaunten Techniker sollten durch diese anderen Opfer aufgeheitert werden, damit sie sie im richtigen Licht erscheinen ließen und sie schön machten.

Warum sie sich auf dieses moderierte Gespräch eingelassen hatte. Ihre Anwältin hatte schon recht. Sie sollte gut aussehen. Freundlich. Freundlich und ein wenig verletzt. Erstaunt. Erstaunt war der Anwältin wichtig. Sie hatten alles genau besprochen. Moderat. Sie sollte moderat bleiben und unter keinen Umständen wütend werden. Dass ein Mann zu seiner Ehefrau zurückkehrte. Das hatte den moralisch höheren Rang.

Dass er sie damit betrog. Das würde nicht so ausgelegt werden. Man würde eher sagen, dass sie doch die andere Frau gewesen war. Dass sie doch in die Ehe eingebrochen war. Es konnte ja niemand außer ihnen beiden wissen, wie er sich an sie angehängt hatte. Wie er sie bedrängt hatte. Wie er die gemeinsame Wohnung betrieben hatte. Und wie sie alles gezahlt hatte, weil er der Ehefrau sein Geld geben hatte müssen. Niemand außer ihr konnte wissen, welche Ausreden er angeführt hatte, warum er sich nicht scheiden ließ. Warum es unmöglich war, sich scheiden zu lassen. Die Frau würde sich umbringen, hatte er gesagt. Die Frau könne nicht für sich sorgen. Die Frau würde an die Öffentlichkeit gehen. Die Frau könne die »Bild«-Zeitung auf sie beide hetzen. Die Frau könne ihn an die Steuer verpfeifen. Die Frau hatte gerade eine schwere Grippe. Die Frau musste auf einen Erholungsaufenthalt. Insgesamt. Wenn sie es so betrachtete. Diese Frau hatte das ganze Repertoire einer Romanfigur des 19. Jahrhunderts beherrscht. Vielleicht war es deshalb so unrealistisch erschienen. Als gäbe es diese Frau gar nicht. Und sie hatte ja auch keine Zeit gehabt.

Sie hatte eigentlich nicht einmal die Zeit für dieses Gespräch. Und was sollte sie ihm schon sagen. Dass er sie blockiert hatte. Dass sie nun keine Kinder hatte. Dass sie an seiner Seite nicht einmal daran zu denken beginnen hatte können. Dass ihr Ordnungssinn sie nun zwar rettete, dass ihr Ordnungssinn aber auch eine vollständige Verhütung nach sich gezogen. Ihr Ordnungssinn hatte Ben nicht vertraut und Ben hatte dafür gesorgt, dass ihr niemand anderer in die Nähe kam. Warum aber. Was hatte er davon, dass sie jetzt keine Kinder hatte. Sie war jetzt 42. Sie konnte das auch alleine machen.

Sie setzte sich in den größten Ledersessel und schlug die Beine übereinander. Sie konnte alles alleine haben. Es musste niemand in der Wohnung herumlungern und warten, bis sie auftauchte und dann Pizza bestellen. Ben war ja nicht einmal häuslich gewesen. Sie war auch nur einmal in seine Firma gegangen. Sie hatte nichts gesagt, aber es war schmutzig gewesen. Sie hatte ihm vorgeschlagen, Urschula sollte auch bei ihm aufräumen. Das bräuchte er nicht, hatte er gesagt. Er entwickle Software und nicht Hygieneartikel, war seine Antwort gewesen. Urschula. Die wusste viel mehr über ihn. Die beiden waren in der Wohnung lange Zeiten allein miteinander gewesen. Würde Urschula für sie aussagen, wenn es darauf ankam. Oder hatte er sich. Sie konnte es nicht mehr sagen. Mit der einen Wahrheit war alles ins Wanken geraten. Mit der Wahrheit, dass sie einen Verbrecher beherbergte. Einen privaten Verbrecher. Einen Betrüger. Einen Lügner. Einen Tagedieb, der von ihr Geld genommen hatte und der noch mehr haben wollte. Ben hatte sich aushalten lassen und hatte seine Ehefrau Kerstin noch miterhalten können. Von ihrem Geld. Sie war jetzt sicher, dass er mit seiner winzigen Firma keinen Cent verdient hatte. Was er den ganzen Tag gemacht hatte. Das war die Frage. Die Männer mit Tagesfreizeit. Kerstin. Ziemlich sicher war es Kerstin gewesen. Andere. Urschula. Eine dickliche Frau. Zur Abwechslung. Und mit polnischem Akzent.

Sie durfte sich nicht aufregen. Sie ging zum Fenster auf die andere Seite und schaute auf den Kircheneingang.

War sie jetzt alt. War das Alter, dass sie sich in diesen Kirchenraum wünschte, der als Café immer noch alle Sammlung anbot. In dem das Zischen der Espressomaschine eine kurze Entweihung war und dann wieder die Ruhe. Stiller Vormittag. Die Tagesfreizeit. Die Vormittage würden ihr fehlen. Die Vormittage. Wenn dann einmal Zeit war und vom Morgen langsam in den Vormittag und beim Aufschauen das Licht wieder weiter in den Tag fortgeschritten und sie beide immer noch im Bett und das Bett ein Schlachtfeld von zerwühlten Decken, Frühstücksgeschirr, Zeitungen und der Geruch von ihr und ihm und Kaffee. Das hatte alles zusammengehalten. Das hatte sie ihren Freundinnen sagen können, wenn die wissen wollten, wie das Liebesleben aussah. Dass ihre Vormittage mit Ben. Dass die unterhaltsam waren. Sehr unterhaltsam, und die anderen hatten sie beneidet.

Aber das gab es nicht mehr. Ben war nicht mehr da. Ben wollte bezahlt werden. Im Nachhinein wollte er bezahlt werden. Das war bitter. Die Frage, die sie sich in dem Kirchenraum, in dem man Kaffee trinken durfte, stellen hätte wollen. Die Frage war doch, war es währenddessen schon nichts wert gewesen oder war es erst jetzt etwas, was bezahlt werden sollte. War Sex mit ihr etwas, was Geld kostete oder war Sex mit ihm etwas, was abgelöst werden musste. Es war einfach, wegzugehen und zu sagen, man wäre benutzt worden. Das war Bens Ausrede. Ein Mann und benutzt. Konnte es das geben. Hatte sie das. Hatte sie Ben benutzt. Hatte nicht Ben sich benutzt. Hätte sie für Ben mitdenken müssen, dass es nicht gut war für ihn, nicht in sein Büro zu gehen. Er hatte nichts gesagt. Sie konnte sich nicht erinnern, dass er etwas gesagt hatte.

Aber das sollte ihr alles nicht wichtig sein. Sie sollte lieber daran denken, warum es immer so war. Warum sie immer am Ende solche Rechnungen stellen musste. Bis zu Ben war immer sie es gewesen, die sich benutzt vorgekommen war und nach dem Wochenende mit dem fetten Intendanten hatte sie für sich beschlossen, nie wieder in solche Situationen zu kommen. Dazusitzen. Womöglich auf dem Bett und noch nicht angezogen und der Mann stand vor einem und schlang sich gerade die Krawatte um den Kragen und sagte, dass es nun Zeit wäre und dass sie weitermachen sollte und dass er sie anrufen werde, und sie hatte das Gefühl gehabt, ihr sei alles genommen worden. Sie konnte es nicht genauer beschreiben. Es war ein Gefühl, als wäre ihr ihr Innerstes genommen und sie müsse hohl und leer und ohne eine Stütze im Leib nun immer auf diesem Bett sitzen bleiben. Wenn sie sich hinlegte. Sie hatte sich einmal hingelegt in einer solchen Situation und die Erfahrung, dass sie daraufhin nicht mehr aufstehen hatte können. Einfach nicht mehr aufstehen. Der Dirigent. Es war ein aufstrebender Dirigent gewesen. Er hatte sich einfach abgewandt und war gegangen und sie war vom Zimmermädchen vertrieben worden. Eine Asiatin war mit dem Staubsauger ins Zimmer gekommen und hatte sie erstaunt gemustert. Erschrocken. Sie hatte sich getrollt. Sie hatte die Empfindung gehabt, sich zu trollen. Sie hatte plötzlich gewusst, was das bedeutet. Sich trollen. Eine geduckte rollend hüpfende Vorwärtsbewegung. Schräg. Als hätte sie einen Buckel gehabt, um den herum sie sich nach vorne drehen musste.

Sie lächelte. Das war lange her. Damals hatte sie beschlossen, dass es das für sie nicht mehr geben durfte. Dass sie so nie wieder zurückgelassen werden durfte. Sie wollte sich nicht krank machen lassen. Für sie sollte es nur noch Applaus geben. Erfolg. Sie wollte Glanz und Erfolg und das Glück. Sie hatte den Himmel erobern wollen. Für sie sollte es nur das Paradies geben. Das Strahlen der Sonne und das Schimmern des Meeres. Ein leuchtendes, helles Paradies sollte ihr Leben werden und sie die Königin. Damals hatte sie begonnen, ins Fernsehen zu rutschen. Eine kleine Moderation da. Ein Interview dort. Bis es ernst geworden war und sie diese ganzen Coachings absolviert hatte. Nachmittagsfernsehen. Frühstücksfernsehen. Und jetzt wieder handfesterer Journalismus, und das war ihres. Sie war eine Journalistin. Sie sollte sich darauf besinnen. Sie konnte etwas. Sie war genau. Sie hatte ein unglaubliches Gedächtnis. Sie konnte die Risse in den Argumenten von jemandem sofort finden. Sie hatte Taktgefühl und Härte. Sie wollte die Wahrheit wissen. Sie war leidenschaftlich und sie hatte sich das Aussehen einer Dreißigjährigen verschafft. Wenn sie die Vormittage nicht mit dem Herumgewälze mit Ben mehr verbrachte, dann hatte sie genug Zeit, sich wieder auf Vordermann zu bringen. Schöner Ausdruck, dachte sie. Vordermann. Sie würde sich auf Vordermann bringen und sie war gleich wieder traurig. Was machte sie falsch. Was hatte sie falsch gemacht. Ihr war nichts aufgefallen und es tat ihr leid. Es tat ihr sehr leid, wenn sie ihn gekränkt hatte. Sie konnte sich nicht vorstellen wie, aber wenn er das Gefühl hatte. Wenn er sich vernachlässigt vorgekommen war. Sie hätte sich gedacht, dass er sich beschäftigen konnte. Und das hatte er ja auch. Mit Kerstin. Offenkundig mit Kerstin, und wenn Kerstin ihn besser verstand, dann konnte sie nichts machen. Sie würde das überstehen. Sie würde das gut überstehen und sie würde die Kosten. Kosten durfte es nichts. Die Kosten mussten plausibel bleiben. Wie kam sie dazu, dass es etwas kosten sollte. Sie würde sich einfach eine neue Herausforderung suchen. Oder ein Kind. Sie konnte ihr Kind auch allein bekommen. Sie konnte sich ein Kind verschaffen. Sie hatte die Mittel und eine Kinderpause würde den fetten Intendanten schön erstaunen, und warum sollte sie nicht diese Seite an sich leben. Sie war eine Frau. Sie konnte viele Entscheidungen treffen.

Von draußen waren Stimmen zu hören. Ben. Bens Stimme und die einer Frau. Seine Anwältin. Wahrscheinlich.

Sie drehte sich um und lehnte sich gegen das Fenster. Sie verschränkte die Arme vor der Brust und ließ sie dann fallen. Ben und diese Anwältin. Die sollten sie entspannt und locker vorfinden. Freundlich und verständnisvoll. So, wie sie wirken wollte. Sie drehte sich der Tür zu. Wie würde das laufen. Sie war sehr gespannt und wie bei einer Sendung vor laufender Kamera behielt sie dieses Kribbeln tief in sich und lächelte.

Xenia M.

Es war nicht wegen der Unvollständigkeit.

Diese Unvollständigkeit. Ihre Mutter hatte das ausgeglichen. Diese Unvollständigkeit hatte ihre Mutter doch vollkommen ausgeglichen. Sie hatte erst spät herausgefunden, dass nicht alle Kinder nur mit einer Mutter aufwuchsen. Dass es Väter gab, das hatte sie. Irgendwann im Kindergarten musste das gewesen sein. Sie hatte ihre Mami gefragt und die hatte gesagt, dass sie das nicht bräuchten. Sie bräuchten keinen Papi und ihr Papi, der lebe ganz woanders. Man bräuchte einen Papi um die Kinder zu machen. Dann wären die Kinder im Bauch von der Mami und wenn der Papi dann nicht da leben wollte, wo die Mami wäre. Dann könnte die Mami das alles alleine machen.

Sie war erst sehr viel später draufgekommen, dass sie unehelich war und dass ihr Vater so etwas wie ein Abenteuer ihrer Mutter gewesen war. Ein Skiurlaub in Südtirol und die Bozener Studentin der Psychologie brachte ein Souvenir vom Skifahren mit und niemand hatte ein Problem damit.

Ihre Großeltern hatten ihre Mutter unterstützt und alles war gut geworden. Sie konnte sich nicht beklagen.

Sie hatte sich nie beklagen können. Sie hatte eine große Familie. Ihre Großeltern. Ihre Mutter. Ihre Tanten und deren Familien. Sie war gut aufgehoben. Sie wollte, dass ihr Vater. Was sollte ihr Vater eigentlich. Was wollte sie zu ihm sagen und vielleicht. Sie sollte nicht herumhängen. Sie sollte nicht so herumhängen und auf ihn warten, und wahrscheinlich war es der Rudi. Saß sie nun im Haus vom Rudi, um ihren Vater endlich zu treffen und mit ihm zu reden. Oder saß sie in Rudis Designerhaus, um mit ihm über ihren Vater und ihre Probleme mit dem zu reden. Und wenn sie noch länger hier herumhing. Der Job in München. Sie konnte nicht mehr viel länger wegbleiben. Es wartete niemand auf einen. Gut. Sie lernte viel von Rudi. Von Rudi konnte man viel lernen. Das war keine Frage. Rudi hatte Geld und deshalb eine Hasselblad und er borgte ihr die Hasselblad. Mit Film und allem. Das war schon eine Möglichkeit. Wenn sie Modefotografie machen wollte, dann musste sie auch mit einer solchen Kamera fotografieren lernen. Den Unterschied herausfinden. Damit sie mitreden konnte. Rudi war Architekt und konnte ihr alles über die Wirkung von Räumen sagen. Das war gut. Bei Shootings. Wenn sie hinter dem Max Mayerlinger hertrotten musste und die Notizen aufschreiben, dann konnte sie etwas dazu sagen und die richtigen Worte verwenden. Der Rudi erklärte ihr das so, dass sie es sich merken konnte. Sie hätte weiterlernen sollen. Wahrscheinlich hätte sie doch auf eine Fotoschule gehen sollen, wie die Mami es gemeint hatte. Aber da war schon der Rudi gewesen und hatte gemeint, dass man sich ein Gefühl für die Dinge verschaffen musste und dass es um die Praxis ging. Das Seltsame war, dass er selbst den ganzen Tag las und für seine Bücher nichts als studierte. Aber dafür bekam sie die Hasselblad.

Der Rudi war süß. Der Rudi war schon süß. Dem reichte es zu wissen, dass sie im Haus war. Dem reichte es, dass er wusste, dass sie unter der Dusche stand und nackt war und sich die Scham rasierte. Das hatten sie besprochen. Er war überrascht gewesen, wie sie ihm erzählt hatte, dass sie ihre Schamhaare jeden Tag rasierte. Er hatte sich so nebenbei erkundigt, wieso sie diese Riesendose shaving cream im Badezimmer stehen hatte. Er könne sich nicht vorstellen, was sie damit anfangen wollte. Der Rudi. Der wusste gar nichts. Die Männer, die sie kannte. Die kamen ins Badezimmer und bekamen alles mit. Die wussten, dass sie sich die Haare rund um die Brustwarzen auszupfte und dass das richtig weh tat. Die wussten, dass sie sich die Schamhaare jeden Tag und entlang der Schamlippen. Da wurde auch gezupft. Das reichte. Das reichte noch. Die Mami hatte ihr angekündigt, dass die Haare da dicker wurden und dichter. Mit Kindern und mit dem Alter, und dass man erst nach der Menopause erlöst war davon und dass die Haare sich dann verabschiedeten, bis man wieder ein kleines Mädchen war und keine.

Der Rudi hatte von dem allem nichts gewusst. Manchmal dachte sie, dass er schwul war, so wie er sie anschaute, wenn sie so etwas erzählte. Aber das war ja gleichgültig. Sie war in seinem Haus, weil sie da ihren Vater treffen sollte und ihr Vater sollte ihr erklären, warum er die Alimente nicht mehr zahlen wollte und ihr am Telefon sagen hatte können, sie sei nicht seine Tochter. Aber sie hatte einen Gentest machen lassen. Schon vor Jahren und es war eindeutig. Sie hätte diesen Schein mitbringen sollen, aber die Einladung war so plötzlich gewesen und sie war aus München hierhergekommen und alle ihre Sachen waren ohnehin in Bozen.

Die Mami hatte abgeraten. Die Mami hatte natürlich abgeraten. Die Mami hatte wieder einmal als Therapeutin mit ihr geredet und ihr abgeraten.

Sie hasste es, wenn die Mami mit ihr wie mit einer Klientin sprach. Die Mami hatte es leicht. Die hatte nie ohne ihren Vater auskommen müssen. Die hatte den Opi immer gehabt und der Opi war ein freundlicher Vater gewesen. Das gab die Mami auch zu. Aber dass sie nun dem Opi dankbar sein sollte, weil er den Mann in ihrem Leben abgegeben hatte. Da kannte die Mami sich nicht aus. Sie konnte nicht wissen, was es hieß, dass ihr leiblicher Vater sich nicht um sie gekümmert hatte. Dass er immer nur nach Gerichtsbeschluss und nach polizeilicher Aufforderung gezahlt hatte. Was war das für eine Existenz. Das Gericht musste jedes Mal beschließen, dass sie die Tochter dieses Manns war und ihm das in Erinnerung rufen. Der Rudi. Der verstand das. Der hörte ihr zu. Der Rudi setzte sich an seinen langen Tisch und holte einen von seinen teuren Schnäpsen und dann hörte er ihr zu und sie konnte jammern, so viel sie wollte. Klagen. Beim Rudi konnte sie sich beklagen und der Rudi war ein guter Vater. Der Rudolf konnte zufrieden sein. Der hatte den Rudi als Vater und das ganze Geld. Der Rudolf war so alt wie sie und hatte schon ein Mietshaus geerbt. Der Rudolf musste nie arbeiten. Wenn der Rudolf halbwegs geschickt mit dem Geld umging, dann würde er nie arbeiten müssen, und außerdem hörte ihm sein Vater zu.

Es war ungerecht. Es war alles sehr ungerecht. Sie hatte nur eine Mutter und sie würde immer ihr Geld verdienen müssen, außer eines der Lose, die sie im Kiosk am S-Bahnhof Weßling draußen immer kaufte, wenn sie wieder zu spät aufgekommen war und die S-Bahn um 8.17 versäumt hatte, mit der sie gemütlich in die Redaktion kommen konnte. Mit der um 8.30 war es zu knapp und sie kam verschwitzt ins Büro, weil sie laufen hatte müssen. Das regte den MM auf. Der wollte niemanden sehen, der nicht halb einschlief vor Coolness. Der MM. Der war ja richtig schwul und der wollte sie deswegen schon nicht. Der sagte ihr auch, dass sie abnehmen musste, wenn sie ihr Praktikum weitermachen wollte. Er könne solche Schildkrötenbabies wie sie nicht haben, hatte er gesagt und auf ihre Hüften geschaut. Aber sie wollte doch Editor werden und nicht ein Model sein. Das immerhin. Das hatte ihre Mami gut gemacht. Die hatte sie immer unterstützt und gesagt, dass sie so aussehen solle, wie sie das wolle.

Gut. Sie aß zu viel. Da hatte der Max Mayerlinger schon recht. Aber sie war eben keine Person, die sich damit befriedigen konnte, dass sie etwas nicht bekam. Wenn sie das gekonnt hätte. Wenn sie wie der MM an einem Buffet stehen konnte und aufzählen, was er jetzt alles nicht essen würde. Dann hätte sie auch nicht hierher kommen müssen. Dann hätte sie ihrem Vater aufzählen können, was sie alles an ihm nicht wollte und dann auflegen. Und nicht aufgelegt bekommen von ihm, weil sie nur haben wollte, dass er mit ihr redete. Weil sie nur eine Erklärung haben hatte wollen, warum ihr die Beamtin in Bozen sagen hatte können, ihr Vater habe noch 4 andere Kinder. Neben ihr. Und sie hatte nur von 3 Kindern gewusst. 3 Halbgeschwister. Von denen hatte sie gewusst. Aber die Beamtin war dabei geblieben. Es waren 5 Kinder eingetragen. 4 Mädchen und 1 Junge. Die Mädchen kannte sie. Das war schwierig gewesen. Aber weil sie ja ohnehin schon in München gewesen war, hatte sie einfach. Sie war da hingegangen und hatte gesagt, ich bin eure Schwester. Hallo! Diese Frau. Die Agnes hatte er geheiratet. Der Vater. Die Agnes war misstrauisch gewesen. Warum das so gewesen war. Das konnte man sich nur schwer vorstellen. Was war denn schwierig daran. Sie wollte ja nicht mehr als eine Ecke von ihrem Vater, und wenn der ihr Halbschwestern verschafft hatte. Dann wollte sie die kennen. Aber das war ja gut ausgegangen. Die Agnes hatte sehr schnell gesehen, dass sie es gut meinte und wenn sie wegmusste, dann übernahm sie ihre Halbschwestern. Die waren ja soviel jünger als sie. Der Halbbruder war genauso alt wie die. Ihr Vater hatte also die Agnes betrogen und sie wollte wissen, warum. Sie wollte wissen, mit wem. Und sie wollte auch ihren Halbbruder kennenlernen.

Die Mami. Die war dagegen. Die war gegen diese ganze Unternehmung gewesen. Sie hätte doch ihre Familie und das ginge sie alles nichts an und es hätte keine Bedeutung. Aber die Mami. Als Therapeutin glaubte die nur an die Seele. Die lachte über sie. Die hatte gelacht, wie sie gesagt hatte, ob denn die Gene keine Macht hätten. Die Mami war eigentlich böse. Eigentlich war die Mami böse, dass sie jetzt beim Rudi saß und ihren Vater treffen würde. Obwohl. Das sah ja auch nicht erfolgverheißend aus. Ihr Vater hatte jetzt zum dritten Mal abgesagt. Er rief den Rudi an und hinterließ eine Nachricht. Sie konnte ihn aber auch nicht erreichen. Bei ihr legte er auf. Das musste der Rudi machen und der ließ sich Zeit. Was sollte sie tun, wenn es nun wieder eine Verschiebung geben würde. Wenn der Rudi wieder mit der Nachricht käme, dass der Ludwig die Nachricht hinterlassen hatte, dass er nicht kommen könne. Ohne Erklärung. Ihr Vater erklärte nicht, warum er sich nicht an Abmachungen hielt. Da hatte die Mami ja recht. Das hatte er noch nie. Er hatte ja auch eigentlich gewollt, dass sie abgetrieben würde. Das hatte ihr die Agnes gesagt. Ihre Mutter. Die hätte sie das nie wissen lassen. Ihre Mutter würde so eine Grausamkeit. Das würde sie nie machen. Aber sie verstand sie trotzdem nicht. Ihre Mutter verstand sie nicht. Wollte sie nicht verstehen. Sie wollte nicht verstehen, dass man einen Vater haben musste. Das war wie die Figur. Man musste eine gute Figur haben. Gleichgültig, was man werden wollte. Mit Rudi war wenigstens das einfach. Er zwang einen nie, etwas zu essen. Er fragte sie und wenn sie nein sagte, dann ging er allein in den Gasthof zum Ochsen. Der musste nicht dauernd. Nahrungsaufnahme.

Sie ging zum Fenster. Zur Glaswand, die das Fenster war. Das Gras war welk spinatgrün. Das Gras wollte nicht, sagte der Rudi. Das Gras wollte nicht leben. Hinter den Nachbarhäusern hingen die Wolken tief. Ein trostloser Tag und sie sollte Licht machen. Sie sollte alle Lichter in diesem Haus anmachen und darauf warten, bis sich der Innenraum in den riesigen Scheiben spiegelte und nichts mehr von draußen zu sehen sein würde. Sie hatte gedacht, mit ihrem Vater hier zu sitzen und alle rundherum hätten sehen können, wie sie dasaß. Mit ihm. Sie hatte gedacht, dass ihr Vater wenigstens für den Rudi kommen würde. Weil der ihm Aufträge gab und weil der ihm vielleicht keine Aufträge mehr geben würde, wenn er sie so schlecht behandelte. Dann würde ihr Vater schon sehen, wie es war, wenn man kein Geld bekam. Aber ihr Vater wusste das natürlich längst. Und trotzdem. Er ließ sie dieses Gefühl haben. Er rettete sie nicht davor, auf der S-Bahnstation zu stehen und die Lose aufzurubbeln. Bis zum letzten Rubbelfeld dieses warme Gefühl und die Überlegungen, was sie mit dem Geld machen würde. Sie würde für jedes ihrer Geschwister eine Summe weglegen und dann würde sie sich eine schöne Wohnung im Zentrum von München leisten und ein kleines Auto. Und dann würde sie in diese Klinik in Brixen gehen und nach 6 Wochen total verwandelt zurückkommen. Sie würde die Nase machen lassen und abnehmen. Die Nase vorne schmaler. Nicht dieses breite Ende der Nase und schmalere Hüften. Da würde der MM dann ganz schön schauen, wenn sie dastand und seine Tasche tragen wollte. Er würde ihr sagen müssen, dass sie auf die andere Seite der Kamera gehöre und dass man diese Schönheit nicht verschwenden durfte. Sie. Sie würde ihn anlächeln und ihm sagen, dass sie ihr Praktikum nicht aufgäbe. Dass sie gar nicht vorhätte, nicht ihr Praktikum als Produktionsassistentin zu machen. Dass sie nicht im Traum vorhätte, als Model zu arbeiten. Dass er das doch wissen müsse. Und der MM. Der müsste sie anlächeln und er würde sie anlächeln. Schöne Leute und der MM lächelte. Für den MM war das das Wichtigste. Wenn jemand schön war, dann konnte die Person machen, was sie wollte, und er unterschied da nicht. Schönheit, und alles ging. Ob ein Mann oder eine Frau. Darin war der MM so gerecht, wie er sonst ungerecht war. Aber wahrscheinlich hatte sie keine Stelle mehr. Sie hatte ihre Mails nicht angesehen. Es war so viel los. Es war immer irgendetwas zu tun oder zu unternehmen oder zu bereden.

Der Rudi behandelte sie wirklich wie eine Erwachsene. Er redete über seine Liebesgeschichten mit ihr und fragte nach ihrem Rat. Sie kam sich dabei vor wie ihre Mutter. Sie rückte ihren Sessel vom Tisch weg und schaute ihn an. Er saß am Tisch und beugte sich vor. Er sprach eigentlich mit dem Tisch und es war ein ziemlicher Salat. Sein Liebesleben schien aus einer Reihe von älteren Frauen zu bestehen, die ihn alle nicht gut behandelten. Er machte keine Vorwürfe. Der Rudi gestand immer gleich seine Schuld. Er sagte immer gleich, was er mit der oder der wieder falsch gemacht hatte. Sie konnte sich das nicht vorstellen. Er war doch so ein angenehmer Mensch und so großzügig. Er war wahrscheinlich zu großzügig. Diese eine Malerin aus München. Der Rudi hatte ihr Bilder von der im Internet gezeigt. Die Bilder waren ihr zu steif gewesen. Zu streng und vorwurfsvoll. Wer brauchte Vorwürfe an der Wand. Sie mochte aber ohnehin nur Fotografie und hatte gesagt, dass sie nichts von Kunst verstehe. Er hatte genickt und sie hatte dann die Anrufe dieser Person abwimmeln müssen. Diese Frau hatte gefragt, wer da am Telefon sei und ob sie den Rudi sprechen könne. Der Rudi war dagesessen und hatte den Kopf geschüttelt. Sie hatte lachen müssen. Es hatte richtig komisch ausgesehen und sie hatte gerade noch sagen können, dass sie die Xenia sei, wie die Frau noch einmal gefragt hatte, wer da am Telefon sei und ob das der Anschluss von Rudolf Hartlinger sei. Sie hatte auflegen müssen und sie waren beide fast von den Sesseln gefallen. Vor Lachen. Diese Frau würde nicht mehr anrufen, da waren sie beide sicher gewesen und der Rudi hatte sie angelächelt und gesagt, dass es jetzt wieder ein Problem weniger gäbe.

Warum war der Rudi weggegangen. Er wusste doch, dass sie wartete. Sie hätten jetzt hier sitzen sollen und reden. Sie musste reden.

Sie schaute hinaus. Im Dämmer des Herbsttages konnte sie sich schon am Nachmittag auf der Fensterscheibe gespiegelt sehen. Schwach gespiegelt. Der Holzstoß draußen war noch zu sehen und sie in dem Holzstoß. Durchsichtig und ungenau. Sie hatte sich wieder an den Tisch gesetzt und schaut sich an. Sie hatte die Arme aufgestützt und den Kopf in den Händen. Die Mama hatte es gesagt. Du wirst nicht bekommen, was dieser Mann nicht geben kann und was er nie geben konnte. Sie bekam, was sie wollte. Sie bekam von jedem Mann, was sie wollte. Sie hatte das noch nie erlebt. Sie wurde von allen gemocht. Alle mochten sie und alle machten ihr gerne etwas zuliebe. Jeder borgte ihr das Auto. Sie wurde auch noch sehr spät in der Nacht immer nach Hause gefahren. Sie konnte sich immer Geld ausborgen und sogar der widerliche MM hatte sie bisher nicht hinausgeworfen, und es hieß doch, dass der mit Frauen nie auskam. Sie hatte immer bekommen, was sie wollte. Es konnte doch nicht sein, dass ihr eigener Vater. Dass sie an ihrem leiblichen Vater scheiterte.

Machte ihre Mutter da etwas. Rief ihre Mutter ihren Vater an und sagte ihm, was er tun solle. Befahl sie ihm, sie nicht zu treffen, damit sie nicht in ihrem Leben gestört würde. Damit sie nicht wegen ihres Vaters irgendeinen Blödsinn machte. Die Mami hatte gerade so einen Fall. Die Tochter war zum Vater gezogen und hatte ein Verhältnis mit ihm begonnen. Die Tochter hatte diesen Vater auch nicht gekannt. Sie hatte ihn nie kennengelernt und hatte sich in ihn verliebt, wie er dann aufgetaucht war, als sie 23 Jahre alt geworden war. Die Mutter dieser Tochter war bei der Mami in Therapie. Sie vermutete das. Die Mami würde nie über ihre Klientinnen sprechen, aber die Frau war ihr auf der Stiege entgegengekommen und alle in Bozen wussten, was da los war. Es war sogar öffentlich debattiert worden, ob die Polizei nicht einschreiten musste. Die beiden waren aber in die Schweiz gegangen und die Redereien waren abgeklungen. Die Mutter war sicherlich noch in Behandlung. Ihre Mami. Die übertrug das. Die machte sich Sorgen. Die übertrieb das immer.

Was sollte sie tun, wenn ihr Vater nun plötzlich anläuten würde und da wäre. Wenn er durch dieses dämmrige Nachmittagslicht auf die Scheibe zukäme und vorbeiginge und dann durch die Tür. Sie hätte gar nicht sagen können, ob er das war. Sie hatte ihn so lange nicht gesehen. Vielleicht wollte er sie nicht sehen, weil er so schrecklich verändert war. Vielleicht war er hässlich geworden. Seine Trinkerei zu sehen. Seine Unfreundlichkeit. Vielleicht wollte er sie schonen. Aber hätte er das nicht sagen müssen. Hätte er das nicht ausdrücken müssen. Oder hatte er Rudi das alles gesagt und der sagte ihr nichts, damit sie im Haus blieb. War das Gefühl, dass er ihr beim Duschen zusah. War das kein Gefühl, sondern das, was war und das was der Rudi wollte und was er sich holte, indem er ihr nichts weitersagte. War das Ganze eine Geschichte, die der Rudi sich ausgedacht hatte. Der Rudi hatte ja nichts zu tun. Rudi machte sehr viel, aber er musste nicht. Er musste nichts tun und er war sehr böse geworden, wie sie am ersten Morgen nicht aus ihrem Bett gewollt hatte und einfach liegen bleiben. Er müsse doch nichts tun, hatte sie geächzt und Rudi war in der Tür aufgetaucht und hatte ganz ruhig gesagt, dass sie das nicht wiederholen solle. Warum war der so empfindlich. Es war doch die Wahrheit. Und die Wahrheit war, dass hier alle anderen etwas davon hatten und sie ihren Job in München verlor.

Sie stand auf und ging in die Küche. Eigentlich hatte sie Hunger. Sie war blöd gewesen, nicht mit Rudi ins Gasthaus zu gehen. Jetzt bekam sie gar nichts bis zum Abend. Sie stand vor dem Kühlschrank und fühlte sich hohl vor Hunger. Sie hatte Hunger und sie bekam nichts.

Eine unbändige Lust nach einer Leberkässemmel stieg ihr auf. Das war das Schlimmste. Wenn sie lange nichts gegessen hatte, dann bekam sie Lust auf die schrecklichsten Dinge. Leberkäse. Spaghetti. Chips und Pommes und Mayonnaise. Ketchup war in dieser Liste noch das Gesündeste. Sie hörte die Stimme ihrer Mutter, die ihr sagte, sie solle Rohkost essen. Wenn diese dickmachenden Gelüste sie überfielen, dann sollte sie Karottenstiftchen essen. Langsam und bedächtig und sie könne die Karottenstiftchen auch in Mayonnaise tauchen. Aber das Kauen der Karotte würde sie ablenken und dann hätte sie auch bald keinen Platz für dieses dickmachende Essen und sie hätte sich all diese Kalorien erspart. Die Mami. Die wurde nie dick. Sie aß auch immer vernünftig. Aber die konnte das. Und. Ihre Mami fände das nicht gut von Rudi, dass er sie in diesem Haus allein ließ und ihr nichts zu essen gab.

Sie ging zur Eingangstür. Sollte sie gehen und sich etwas zu essen kaufen. Oder sollte sie Rudi anrufen und ihn bitten, ihr etwas mitzubringen. Oder sollte sie überhaupt weggehen von hier und ihren Job retten. Sie konnte die Mami nicht anrufen. Das ging nicht. Eine Zwanzigjährige konnte nicht die Mami anrufen und fragen, was sie tun sollte. Die Mami würde sich nur Sorgen machen. Das musste sie allein hinbringen und am besten gleich oder sollte sie zur Mami fahren. Ganz einfach.

Auguste K.

Es war nicht wegen des Alters.

Es konnte gar nicht wegen des Alters sein. An der Universität in den USA war ihr Alter gar nicht bekannt. In den USA durfte das Alter gar keine Rolle spielen und sie konnte weiter unterrichten, so lange sie wollte, und niemand konnte sie daran hindern. Auch Inese Nolengo nicht. Die Schülerin, die sich zur Feindin gemacht hatte. Es war nicht das Alter, es war die Anstrengung, diese Feindschaft auszuhalten.

Sie verstand diese Feindschaft nicht. Wie sollte frau eine solche Feindschaft auch verstehen. Sie hatte diese Frau ausgebildet und ihr zur Professur verholfen. Und das war der Punkt. Sie hatte dieser Frau nachgesehen, dass sie eine sehr langweilige und uninspirierte Forschung vorgelegt hatte. Ihre Kollegin hatte die Augen verdreht und ausgerufen, dass sie nicht schon wieder so eine langweilige Untersuchung über das 18. Jahrhundert lesen wolle. Monika hatte dieses Buch nicht einmal lesen wollen. Sie hatte schon die Dissertation abgelehnt und ihr gesagt, sie solle jemanden anderen zur Zweitbegutachtung heranziehen. Sie könne es nicht mehr lesen, wie die Braven und Langweiligen sich ins 18. Jahrhundert wühlten und ja doch nichts Neues herausarbeiteten. Aber Monika war die bessere Akademikerin und vom 19. Jahrhundert besessen.

Sie war die bessere Pädagogin. Für sie selbst. Für sie war die Arbeit mit diesen jungen Personen das wichtigere. Sie konnte ja sogar mit diesen Militärstipendiaten gut umgehen. Alle andere lehnten die ab und wollten nicht mit denen arbeiten. Sie war fasziniert von den Lebenswegen, die Personen zum Militär brachten. Sie konnte diesen Ehrgeiz verstehen und dass man das machte, wenn es keinen anderen Weg gab, zu einem Studium zu kommen. Auch da gab es einen Konflikt mit Inese. Die hatte die Beratungsstunden gekürzt und sie beriet diese Militärstipendiaten nun in ihrer freien Zeit, weil sie nicht sehen wollte, wie diese Leute zu kurz kamen. Es waren nur Männer. Gerade studierten nur Männer mit diesem Stipendium und die besuchten ohnehin nur Vorlesungen des Grundkurses. Aber trotzdem. Sie unterstützte die Entscheidung einer solchen Person, sich über Literatur ein bisschen Wissen zu verschaffen.

Inese fand, dass man diese Studenten dazu bringen sollte, die Grundkurse mit ihrer Unbildung nicht zu belasten. Inese war ein akademischer Snob. War sie das, weil sie selbst nicht so gut war. War es diese alte Umkehrung der eigenen Versäumnisse, die zur Ablehnung in den anderen führte und die Überschätzung des Eigenen nach sich zog. Inese war selbst nicht übermäßig gebildet. Nicht so, wie sie es sein hätte sollen. Das hatte Inese zu spüren bekommen und nun rächte sie sich.

Sie hatte selbst kein schlechtes Gewissen. Sie bemühte sich, gerecht zu sein, und sie hatte es Inese gesagt. Sie müsse sich breiter informieren. Sie müsse ihren Grundstock an selbstverständlichem Wissen vergrößern. Sie müsse verschiedene Beurteilungen zulassen und daraus sich selbst die Vielfalt der Werke retten. Aber das war zu idealistisch von ihr gedacht. Sie konnte zwar nichts anderes vorschlagen, aber sie hätte wissen müssen, dass Inese nur ehrgeizig war. Dass Inese nie eine Akademikerin gewesen war. Dass es folgerichtig gewesen war, dass Inese sofort nach der Habilitation in die Verwaltung gegangen war und jetzt ihr Institut wegorganisiert hatte.

Ihr Institut war in ein Institutscluster eingeordnet worden. Sie war nicht mehr Institutsvorstand, weil das wiederum nur mehr der Vorstand des Clusters sein konnte. Sie war abgestraft worden. Sie war diszipliniert, abqualifiziert und degradiert. Wie ihr Vater. Bevor er dann nach Buchenwald gekommen war. Und irgendwie war es da folgerichtig, nach Berlin zurückzugehen. Die russisch-lettische Inese Valdek, verheiratete Nolengo, rationalisierte die Tochter des Berliner Kommunisten der 30er Jahre aus der Universität von Chicago weg und nach Berlin zurück. Da, wo alles begonnen hatte.

Sollte sie also diese Wohnung nehmen und zurückkommen. Heimkehren. Sollte sie in den Ruhestand treten. Pensionärin werden. Sie war zu jung dazu. Sie war einfach zu jung dazu. Die Maklerin hatte sie angesehen, wie sie sich nach dem Lift erkundigt hatte. Das bräuchte sie doch nicht. Es wäre doch nur der dritte Stock. Die Aussicht dementsprechend schon weit, und das wäre auch der Grund, warum diese riesengroße Wohnung so billig war. Kein Lift.

Sie ging noch einmal von der Eingangstür bis in das letzte Zimmer. Es war eine große Wohnung. Es war eine von diesen langgezogenen Berliner Wohnungen mit Vorderfront und Hinterhof. Die Fenster auf beide Seiten. Der Gang lang und dunkel. Aber man konnte Mauern niederreißen und dem Licht Platz schaffen. Der Boden war schön. Parkett, und höchstens einmal abschleifen nötig. Die Fenster mussten renoviert werden. Aber das war ihr lieber. Da konnte sie diese Aluminiumrahmen oder diese Plastikfenster vermeiden. Sie würde sich teure Holzfenster mit lärmsicherer Verglasung machen lassen. Und die Maklerin hatte recht. Diese Wohnung war billig. Sie konnte sie leicht kaufen, die Renovierung bezahlen und sie musste nur die eine Wohnung in Chicago verkaufen dafür. Die kleinere konnte sie erst noch behalten und vermieten, und wenn sie wollte, konnte sie wieder dahin zurückgehen. Wenn es hier nicht ging. Oder wenn es ihr hier nicht gefiel.

Sollte sie diese Wohnung nehmen und als Geldanlage ansehen. Eine Wohnung in Berlin. Das war keine Geldanlage. Jedenfalls nicht in dieser Gegend. In Berlin-Mitte vielleicht. Aber das brauchte sie ja nicht. Sie wollte eine große Wohnung, damit sie Gäste haben konnte. Damit ihre Tochter mit ihrer Familie kommen konnte. Damit ihr Enkel in Berlin studieren konnte. Und vielleicht kam Fred zu Besuch. Aber dem würde es zu kalt sein. Der wollte in Miami bleiben. Der würde nicht ins kalte Europa zurückwollen. Der würde nicht einmal zu Besuch kommen.

Würde sie es aushalten, vertrieben worden zu sein. Wieder einmal in ihrem Leben vertrieben und eine Flucht notwendig. Vertrieben aus Berlin von den Nazis. Vertrieben von den Russen. Vertrieben aus der DDR, weil sie da nichts zu essen bekam. Vertrieben aus Hannover, weil es da keine Stelle für sie gab. Vertrieben aus Hamburg, weil der Onkel sich seltsam aufführte. Die Flucht in die USA. Das Studium in Berkeley. Alles plötzlich leicht. Leichter. Ein hartes Leben, das aber nicht noch schwerer gemacht worden war. Das war der Unterschied gewesen. Auch als Frau. Es war nicht so eine Belastung gewesen wie hier. Damals. Damals war alles eine Belastung gewesen. Alles. Dass sie ein Mädchen gewesen war. Dass sie etwas essen wollte. Dass sie einen schönen Beruf haben hatte wollen. Dass sie hübsch sein hatte wollen. Dass sie leben hatte wollen. Das alles war hier eine Last gewesen, die über alles gelegt gewesen. Diese Last. Es schien ihr, dass diese Last in die USA eingewandert war. Diese Last war ihr nachgekommen und deshalb konnte es auch einfach konsequent sein, sich hier hinzusetzen. Sie war jetzt 71. 10 Jahre konnte sie vom Leben erwarten. Was sollte sie mit diesen 10 Jahren anfangen.

Sie hatte Geld. Die Maklerin glaubte ihr das nicht. Das war normal. Frauen hatten kein Geld und sie würde nicht darauf hinweisen. Das würde ja den Preis nur steigern. Sie hatte kein Problem, wenn man sie für ein bisschen langsam und unpraktisch hielt. Das hatte sie auf den Fluchten gelernt. Sie wartete, bis jemand sich äußerte. Sie fragte nicht zuerst und sie gab nichts bekannt. Das machte sie in ihrem Fach. Alles, was überall sonst verborgen oder verschwiegen werden hatte müssen, als Akademikerin verlangte sie all die Neugier, die sich verboten hatte. All die Fragen, die dem Fluchthelfer über die grüne Grenze in den Westen nicht gestellt werden durften. All die Entscheidungen, die sie damals nicht treffen hatte können, wie das Tante Hildchen mit dem gebrochenen Knöchel am Wegrand gesessen war und sie entscheiden hatte müssen, ob sie mit der Gruppe weiterging oder bei Tante Hildchen sitzen blieb und die Konsequenzen trug. Sie war weitergegangen. Im Denken konnte sie die Entscheidungen wiederholen oder aufheben oder ganz anders treffen. Sie liebte es, einer Verdachtsthese nachzugehen und zu einer ganz anderen Fragestellung zu gelangen und die Antworten noch lange nicht. Denken ist schön, dachte sie. Sie wünschte sich ein Sofa in den großen Raum mit Ausblick auf die Wipfel der Kastanienbäume und hätte sich räkeln mögen bei diesem Gedanken. Es war ihr immer vorgeworfen worden. Dieses Denken. Aber es würde nun eine sehr große Wohnung bezahlen, und ein schönes Leben war gesichert.

Aber die Degradierung. Warum hatte diese so viel jüngere Frau diesen Widerstand gefasst. Gegen sie. Hatte sie sie doch verächtlich behandelt. Sie hatte sicherlich nur das verlangt, was von allen verlangt worden war. Sie hatte sagen müssen, dass die Arbeiten nicht sehr inspiriert waren. Ineses Arbeiten waren gediegen gewesen, und in das Managementprogramm war Inese mit der Frauenquote gekommen. Inese war durchschnittlich und den Erfolg hatte sie, weil sie eine Frau war. Das war umgekehrt geworden. Das war eine Umkehrung. Sie hatte damals dreimal so gut sein müssen, und dass sie eine Frau war, das war sicherlich kein Vorteil gewesen. Das hatte ihre Generation für die Ineses erstritten. Es war erbitternd zu sehen, dass das benutzt wurde. Dass auch hier die Aggressiveren sich durchsetzten. Dass das Argument, dass das Geschlecht keine Rolle spielen durfte. Dass das zu einer Waffe gegen dieses Argument gemacht wurde. Manchmal. Die Ineses dieser Welt waren nichts Neues, aber sie waren auch nichts Anderes, und das war traurig. Ein bisschen war das traurig. Dass die Ineses die Besatzungspolitik ihrer Väter fortsetzten.

Sie ging zu den Fenstern in den Innenhof. Nun war sie also von einer Russin weitervertrieben worden. Das war ja ihre Geschichte. Die Flucht vor den Russen, und ein bisschen hatte sie von ihrer Mutter gelernt, die mit ihren noch nicht einmal 30 Jahren sich bemüht hatte, wie 80 auszusehen. Die sich das Gesicht nicht gewaschen hatte, damit kein Russe auf Ideen kam. Und die sie dann weggeschickt hatte. Weg aus dieser Welt, in der es nichts Schönes hatte geben dürfen. Und immer aus demselben Grund. Damit man nicht gesehen wurde. Damit man nicht erkannt wurde. Damit man nicht zur Kenntnis kam. Ihre Weigerung, die Haare von einem Friseur färben zu lassen, sondern sich mit Clairol im Badezimmer herumzuschlagen und dann ganz dünne

Haare zu haben und keine ordentliche Frisur möglich. Diese Weigerung. Die war hier entstanden. Hier, in dieser Welt, in der dann der Vater im KZ sitzen bleiben musste und nie herauskam. Auch dann nicht, als die Russen dagewesen waren.

Konnte frau in einer solchen Welt leben. Konnte frau sich in eine solche Welt treiben lassen. Zurücktreiben. War das die verlangte Resignation. War das der Beweis, dass sie nicht weggekommen war. Dass man nicht wegkommen konnte und dass frau das noch einmal deutlicher vorgeführt werden musste. Dass sie heute von einer sehr viel jüngeren Frau dahingeschickt werden konnte. Dass mit der ganzen Emanzipation es nur gelungen war, den Frauen die ödipale Situation zu verschaffen. Die Konkurrenz der Generationen. Was früher in den Familien abgehandelt wurde, das nun in der Arbeitswelt. Die Töchter, die den Müttern sagen konnten, dass sie nicht mehr an der Reihe waren. Dass sie überholt worden waren. Überflüssig.

Wenn sie jetzt von Chicago nach Berlin zog. War das die Rückkehr des geprügelten Hunds. Der geprügelten Hündin.

»Nein.«, sagte sie laut und schaute sich um, als könne sie von jemandem gehört worden sein. Sie war allein in der Wohnung. Die Maklerin hatte sie allein gelassen. Sie solle ein Gefühl für die Wohnung entwickeln, hatte sie gesagt, und sie solle die Tür einfach ins Schloss fallen lassen, wenn sie ginge.

Sie war hier zu Hause. Sie hatte das Gefühl, hier zu Hause zu sein. Diese Straßen schon immer gegangen zu sein. Diesen Ausblick schon immer gesehen zu haben. Das musste das Gefühl sein, das esoterischeren Menschen den Glauben gab, schon einmal gelebt zu haben. Sie war noch nie in dieser Straße gewesen. Sie war sicherlich noch nie in dieser Wohnung gewesen. Und trotzdem.

War das das Ende der Flucht. Und das Ergebnis des Flüchtens. Dass sie jetzt in einer Wohnung in Berlin-Moabit stand und sich da zu Hause fühlte. War sie mürbe geworden. Mürbe gemacht. Wollte sie wirklich zu arbeiten aufhören. Wollte sie sich zurückziehen und dieser öffentlichen Bestrafung den Rücken kehren. Sollte es ihr wirklich gleichgültig sein, das zu tun, wofür diese Umstrukturierung gedacht war. Der Rückzug aller akademisch arbeitenden Professoren und Professorinnen und nur noch eine Sprachenschule und damit die Einsparung aller Geisteswissenschaft. Wenn das noch unter der Bush-Administration passiert wäre. Sie hätte sich nicht gewundert. Dass das aber erst so richtig losging, nachdem Obama gewählt worden war. Das machte diesen Vorgang so empörend. Man wollte sie loswerden. Man wollte ihr Denken loswerden. Sie war feministisch definiert. Man wollte das alles loswerden.

Fort mit dir, dachte sie. Fort mit dir. Aber von hier aus. Da hätte das geheißen, dass sie wieder nach Chicago zurückging und das nächste Semester begann. Fort mit dir, das hieß, an ihren Schreibtisch da zurück. In diese neoklassizistischen Gebäude inmitten des tiefsten Slums. Zurück zu den Kollegen und Kolleginnen. Den Mitstreitern. Zurück zu den graduate students, die nur mit ihrer Hilfe ihr Studium beenden konnten. Es gab ja keine Nachfolge. Ihre Stelle würde nicht mehr ersetzt werden. Die Doktoranden mussten sich ein anderes Institut suchen.

Das war alles sehr bitter.

Sie hob ihre Tasche vom Boden auf und schwang sie über die Schulter. Was sollte sie tun. Sie sah sich um. Eine Vertrautheit. Das hier war vertraut. Irgendwie hatte das eine Verbindung zur Welt ihrer Kindheit oder zu einer Kindheit, die sie gerne gehabt hätte. Sollte sie alle Verantwortung hinter sich lassen und sich in diese Wohnung setzen und vor sich hindenken und Bücher schreiben. Oder sollte sie in diesen zähen und ungewinnbaren Kampf um die Bildung an ihre Universität zurückkehren, an der sie keinen Platz mehr hatte. Wie viele andere auch. Sie war ja nicht die Einzige, die wegrationalisiert worden war. Deren Effizienz nicht nachgewiesen werden konnte. Es ging um die Leben der Studenten.

Wie immer ging es ums Leben, dachte sie und ging hinaus. Die Tür fiel ins Schloss. Das war kaum zu hören gewesen.

Es war nicht wegen der Eltern.

Es konnte nicht wegen der Eltern sein. Die Eltern. Sie wussten von dem allem nichts. Sie dachten, dass sie zufrieden war. Dass sie ihren Weg ging. Dass sie ihren Weg machte und so leben würde, wie sie das taten. Nein. Die Eltern spielten keine Rolle. Die Eltern blieben zurück, wenn sie aus dem Haus in Long Island City ging und in die Subway nach Manhattan stieg. Es war dann nur mehr ihr eigenes Leben.

Sie lehnte sich zurück und schaute hinaus. Die Wolkenkratzer von New Jersey und das Wasser dazwischen glitzerten in der Sonne. Die Heizung im Apartment hämmerte und zischte vor sich hin. Es war sehr warm in dem winzigen Zimmer. Es war das Zimmer, in dem ein Kindermädchen schlafen sollte. Oder die Person, die Beniamins Mutter pflegte. Aber Ajeesha wollte nicht aus ihrer Wohnung in Harlem weg. Ajeesha wohnte mit ihrer Mutter und ihrer Tochter in einer winzigen Wohnung. Warum hätte sie in dieses noch winzigere Zimmer einziehen sollen und die Launen der alten Frau Tag und Nacht. Beniamin brauchte dieses Zimmer als Büro und sie saß da und sollte an der Homepage für Beniamins Mutter arbeiten. Den Job hatte sie bekommen, weil sie gut Deutsch konnte. Sie war in Deutschland in die Schule gegangen. Die ersten Jahre. Bis sie dann in die USA ziehen hatten können.

Sie lehnte sich zurück und nippte an ihrem Kaffee. Der Kaffee war von »Bergamote«. Das war ein Luxus. Sie sollte Tee trinken und den von zu Hause mitbringen. Ihr Vater erklärte ihr jeden Tag, dass man nur an solchen Ausgaben sparen konnte und dass Kaffee und Sandwiches in Manhattan noch teurer wären. Da zahle es sich schon aus, alles von zu Hause mitzunehmen. Aber sie wollte Kaffee trinken und sie aß ohnehin nichts. Sie wollte nicht wie ihre Mutter werden. Die war immer zu Hause gesessen und jetzt war sie dick und dann tat sie so, als mache ihr das nichts aus und sie wäre nicht unglücklich darüber. Aber dann schaute sie alle diese Sendungen im TV an.

Ihre Mutter schaute jeden Tag die Kyra Show an und dann sagte sie, dass sie alle diese Sorgen nicht hätten und wie glücklich sie deshalb sein sollten. Ihr Vater wollte, dass sie alles von zu Hause mitnähme, weil er ein schlechtes Gewissen hatte. Er dachte, er hätte das Geld anders anlegen sollen. Wegen der Krise hatten sie nur mehr die Hälfte von dem, was die Eltern gespart hatten, und das reichte nicht für die Altersversorgung der Eltern und ein College für sie. Für sie musste das

Hunter Community College reichen und sie musste zu Hause wohnen. Wie das wäre, wenn sie auf ein richtiges College gehen hätte können. Sie stellte den Kaffee auf das Fensterbrett. Sie hätte da alles so machen können, wie sie es gewollt hätte.

Beniamin lachte über sie. Beniamin lachte, wenn sie über ihre Zukunft sprachen. Beniamin sagte dann immer, dass sie noch 10 Jahre brauchen würde, bis sie bei sich angekommen sei. Das wisse er aus Erfahrung. Seiner Erfahrung nach dauerte es mindestens bis 35, bis die ersten 12 Jahre des Lebens überwunden waren. Beniamin wusste das. Beniamin hatte ein viel schlimmeres Leben als sie. Beniamin war von seinen Eltern verlassen worden. Von seinen eigenen Eltern. Beniamin war von seinen Eltern in ein Waisenhaus gesteckt worden, damit sie ungestört reisen hatten können. Von seiner Mutter. Der Mann, mit dem seine Mutter da zusammen gewesen war, das war ja nicht sein Vater gewesen. Deshalb war er dann von seinem richtigen Vater nach London gebracht worden. Mit 5 Jahren, und in eine Pflegefamilie. Beniamin war in eine Pflegefamilie weggegeben worden. Sie konnte sich das nicht vorstellen. In ihrer Familie. Bei ihnen. Da wurden alle Kinder von Verwandten aufgezogen. Da kamen Kinder ohne Eltern zu Verwandten. Das war so selbstverständlich, dass ihr Vater ihre Cousine bei der Einwanderung als seine Tochter ausgegeben hatte. Die Eltern von Jale waren schon 1982 umgekommen. Es hatte sich selbstverständlich immer jemand um sie gekümmert bis 1988 dann alle flüchten hatten müssen. Sie war da noch gar nicht auf der Welt gewesen. Sie war dann schon in Deutschland auf die Welt gekommen. In Heidelberg waren ihre Eltern untergekommen. Papiere. Dokumente. Das hatte es ohnehin nicht gegeben und nie hätte jemand in ihrer Familie ein Kind weggegeben.

Beniamin lächelte nur, wenn sie das sagte. Er lächelte und das war seine Art, ihr die Antwort zu geben. Sie traute sich nicht, offen zu fragen. Sie traute sich nicht, ihn zu fragen, warum er sich trotz dieser Geschichte so seiner Mutter annahm. Aber er verstand sie schon. Beniamin verstand das und hatte ihr das erklärt. Er arbeite an dem Werkverzeichnis seiner Mutter, damit sie nicht vergessen wurde. Er müsse sich ohnehin mit ihr auseinandersetzen und da konnte er das gleich gründlich tun, und wenn sie nicht vergessen wurde, dann war sein Leben nicht ganz umsonst gewesen. Aber das war es natürlich nicht. Oder das war es natürlich nur teilweise. Beniamin liebte seine Mutter und hatte sie immer geliebt. Er war aber von ihr nie geliebt worden und er wollte sich diese Liebe verdienen. Er wartete immer noch auf ein Wort von ihr. Deshalb ließ er sich alles von ihr sagen. Da sagte sie wenigstens etwas zu ihm. Als auch schon mehr als 60 Jahre alter Mann bekam er nun wenigstens hässliche Dinge von seiner Mutter gesagt. Bis dahin hatte sie ja gar nichts zu ihm gesagt. Bis dahin hatte sie seine Existenz nicht einmal zur Kenntnis genommen. Erst seit sie volle Betreuung brauchte, war er zugelassen worden. Beniamin erdiente es sich, dass seine Mutter ihn wenigstens beachtete, und wenn sie nur damit unzufrieden war, wie er ihren Rollstuhl zum Lift schob.

Sie hatte nicht viel mit der alten Frau zu tun. Sie mochte die alte Frau nicht treffen. Die alte Frau wandte sich dann an sie und fragte, ob sie ihr nicht zustimme, was für ein ungeschickter Mensch ihr Sohn sei. Beniamin lächelte dann in dieser milden Art. Er hörte nur, dass seine Mutter ihn Sohn genannt hatte. Er hörte den Ton nicht und nicht die Verachtung. Er lächelte auf den Kopf seiner Mutter hinunter und schaute dann zu ihr und zwinkerte. Ob sie ein Verhältnis mit Beniamin habe. Ob sie mit Beniamin ins Bett ginge. Ob sie mit Beniamin Liebe machte. Das fragte die alte Frau sie nur, wenn sie allein waren.

Sie arbeitete deshalb am Morgen bei Beniamin. Sie fuhr um 5 Uhr von Queens weg in die 94ste Straße in der Upper Westside und schlich in dieses Zimmerchen. Die alte Frau kam erst um 11 Uhr aus ihrem Zimmer, wenn Ajeesha die Wohnung fertig hatte und alles eingekauft war.

Sie brachte deshalb ihren Kaffee selber mit, damit sie nicht in die Küche gehen musste und am Zimmer der alten Frau vorbeigehen. Wenn die alte Frau sie hörte, rief sie sie ins Zimmer und fragte sie alle diese Sachen. Ob sie ihre Kopftücher abnahm, wenn sie mit Beniamin schlief. Ob Beniamin ihre Haare schon gesehen hätte und ob sie sich nackt fühlen würde, wenn sie diese Tücher nicht trüge. Ob sie die Blicke der Männer auf ihren Haaren spüren könne und ob sie endlich fertig wäre mit ihrer Arbeit. Die alte Frau war verärgert. Sie dachte, man müsse sie nur fragen und dann könnte man alles über ihre Malerei erfahren. Aber die alte Frau wusste nichts mehr. Die alte Frau wusste nicht mehr, wann sie wo gewesen war und wann sie welches Bild gemalt hatte. Die alte Frau erzählte immer gleich, dass Dalí in sie verliebt gewesen war und dass die Frauen rund um ihn diese Liebe verhindert hätten und dass, wenn das alles nicht so gewesen wäre, sie die eigentliche Erbin von Salvador geworden wäre. Aber das war die Art der alten Frau. Sie zählte alle Namen der wichtigen Personen von damals auf und sagte die Namen so, dass man sich alles vorstellen musste. Die alte Frau wollte über Sex sprechen. Die alte Frau wollte sie schockieren. Aber die alte Frau wollte gar nichts mehr wissen. Sie wollte nur über sich reden. Sie wollte nur darüber reden, dass sie in ihrem Leben mit jedem Mann Sex gehabt habe, mit dem sie Sex haben hätte wollen, und manchmal wäre das dann eine Frau gewesen und dann lachte sie so.

Um 6 Uhr am Morgen war sie sicher vor ihr und Ajeesha half ihr. Ajeesha war sofort ins Zimmer gekommen, wie sie so laut geschrien hatte, weil die alte Frau sie zu sich hinuntergewinkt hatte und dann an ihrem Kopftuch gezerrt hatte. Die alte Frau war sehr böse gewesen und hatte Ajeesha mit Entlassung gedroht. Sie habe doch nur wissen wollen, ob Yasemina wirklich so dunkle Haare habe wie ihre Augenbrauen. Die alte Frau hatte ihr das äußere Kopftuch schon weggezerrt gehabt. Ajeesha hatte die Hand der alten Frau gepackt und ihr die Faust geöffnet. Wie einem kleinen Kind, das etwas nicht loslassen hatte wollen. Ajeesha war wütend gewesen. Sie hatte auf die alte Frau beruhigend eingeredet. Das machte Ajeesha immer. Aber die Handgriffe waren wütend gewesen und die alte Frau hatte aufgeschrien, weil Ajeesha sie so fest gepackt hatte.

An dem Tag war sie dann gleich gegangen und hatte beschlossen, nur noch so früh am Morgen zu kommen. Sie hatte sich in die Literaturabteilung im 3. Stock der Bibliothek gesetzt und hatte geweint.

In der Literaturabteilung waren die wenigsten Leute

und man konnte da weinen. Man konnte sich mit dem Rücken zum Saal hinsetzen und zum Fenster hinausweinen. Man konnte in das Büro im Gebäude über der Straße schauen und die Tränen rinnen lassen. Sie musste sich oft so hinsetzen. Sie holte sich dann Bücher über Malerei. Sie wollte mehr wissen und sie wollte herausfinden, ob die Bilder der Mutter von Beniamin. Ob die gut waren. Beniamin wusste darüber nichts. Er machte das für seine Mutter, und die Malerei, das war das, was seine Mutter immer gemacht hatte. Die Malerei war das, was an seiner Stelle geliebt worden war. Beniamin konnte nichts über die Malerei seiner Mutter wissen. Er konnte gar kein Urteil dazu haben.

Sie sollte das alles nicht so wichtig nehmen. Sie hatte ihr eigenes Schicksal. Sie war eine displaced person und in die USA gekommen, um sich hier ein Leben zu verschaffen. Ihre Eltern hatten sie so weit bringen können. Ihre Familie. Die Community. Sie hatten sie dahin versetzt und gerettet. Aber weiter konnte ihr niemand helfen. Sie konnte immer irgendwo bei jemandem von der Familie unterkommen. Eine kurdische Familie war sehr groß und irgendwo war immer irgendwer, der eine Möglichkeit wusste. Aber das war nicht das Leben. Das Leben. Das Leben, wie sie es leben musste. Davon wussten die alle nichts. Davon wussten ihre Eltern nichts. Die setzten sich alle zusammen und redeten über die

Politik. Die waren für den Krieg dort gewesen und die wollten diesen Staat hier. Die hatten die Hoffnung nie aufgegeben. Aber sie war nie dort gewesen. Sie wusste nichts von dieser Welt. Sie kannte die Hügel rund um Heidelberg und Long Island und Manhattan. Die Welt ihres Vaters. Von da kamen diese Nachrichten. Ihr Vater hatte weiße Haare wegen dieser Nachrichten und er hatte die Hinrichtung von Saddam Hussein auf DVD im Regal und er war gegen Obama, weil der nicht Ordnung im Irak machen wollte und richtig Krieg führen und den Kurden endlich ihren eigenen Staat. Auf der Long Island City High hatten alle Friedensposter gemalt und gegen den Krieg demonstriert. Sie war froh gewesen, dass die High School dann zu Ende war und sie nicht mehr gefragt werden konnte, was sie zu diesem Krieg sagen würde. Ihre Familie käme doch von da.

Und weil sie in Heidelberg in die Grundschule gegangen war, hatte sie den Job bei Beniamin bekommen. Weil die Geschichte seiner Mutter in Deutschland und Österreich spielte und man deshalb Deutsch können musste.

Die Familiengeschichten waren sehr ähnlich. Beniamins Familie war in den Konzentrationslagern ermordet worden und seine Mutter war allein als kleines Mädchen in den Niederlanden versteckt worden. Sie war mit 3 Jahren dahin verschickt worden. Beniamin sagte immer, dass das der Grund sei, warum er dann mit 3 Jahren von seiner Mutter wiederum in das Waisenhaus in Israel gesteckt worden war. Seine Mutter habe nur ihre eigene Geschichte wiederholen können. Konnte das so sein. Beniamins Mutter war natürlich nicht gläubig. Beniamin selbst war nicht gläubig. Ihre Eltern. Die kannten kein anderes Leben.

Für ihre Eltern war ihr ganzes Leben von ihrem Glauben umschlossen. Ihren Eltern hätte es das Herz gebrochen, wenn sie gewusst hätten, dass sie sich schon in der High School gewünscht hatte, nicht mit diesen Tüchern auffallen zu müssen. Ihre Eltern glaubten, dass ihr bedeckter Kopf ein Schutz für sie sein würde. Das mit den Kopftüchern. Das hatte in Deutschland begonnen. Dass das eine Unterscheidung war und dass sie alle nicht Deutsche sein wollten. Weil sie ihre Heimat sonst aufgegeben hätten. Ihre Eltern glaubten immer noch, dass sie mit dem Kopftuch keine Amerikanerin werden konnte. Dass sie eine Kurdin blieb und ihre Tochter. Und sie musste die Tochter bleiben. Sie war das einzige Kind, das übrig geblieben war. Sie hatte gerettet werden können, weil sie noch im Leib ihrer Mutter gewesen war. Sie war gerettet worden.

Beniamin sagte immer, dass das ihr Schicksal sein würde und dass sie sich keine Sorgen machen solle. Sie würde schon herausfinden, was das für sie bedeutete. Er habe das doch auch geschafft. Aber sein Schicksal.

Das war keine Beruhigung. Das war kein Vorbild. So wollte sie es nicht haben. Es gab nichts von ihm. Von ihm würde nichts übrig bleiben. Nur das Werk seiner Mutter. Er hatte Geld gemacht, wie ihm das sein Vater beigebracht hatte, und jetzt war er nur mehr der Sohn seiner Mutter und machte alles für sie. Wenn sie in das Apartment in der 94sten Straße kam. Es roch so und sie war froh, dass ihre Eltern jünger als Beniamin waren. Ihre Mutter arbeitete von zu Hause aus, aber sie half auch im Community Center mit und machte Kochkurse. Ihre Mutter roch nach Zedernholz und Zitrone und ihre Eltern waren noch lange nicht alt. Ihre Eltern waren wunderbare Menschen und sie war ihnen dankbar für alles.

Sie schaltete den Computer ein. Im Apartment war es ruhig. Draußen der Verkehr. Sie konnte die Fähre in der Ferne sehen, wie sie auf Manhattan zuglitt. Im Apartment. Geschlossene Türen und vollkommene Stille. Beniamin schlief bis 9 Uhr. Beniamin schlief meistens bis 9 Uhr und sie sah ihn nur kurz, bevor sie ging. Er legte ihr das Geld in einem Kuvert hin und für die Arbeit brauchte sie ihn nicht und er schaute ohnehin immer gleich nach, wie weit sie wieder gekommen war. Manchmal kam sie wochenlang nicht weiter, wenn eines der Bilder wieder überhaupt nicht zu datieren war und sie nur herausfinden hatte können, dass das

Bild 1956 in Paris verkauft worden war. Sie war eine Detektivin geworden. Aber es war ihr lieber, wenn Beniamin nicht ins Zimmer kam und über ihre Schulter auf den Bildschirm schaute und sagte, dass 1956. Da wäre er gerade in England ins Internat gekommen und er habe dann jeden Tag seinen Vater in Briefen angefleht, ihn da herauszuholen, und wie lange es gedauert habe, bis der Vater diese Hilferufe ernst genommen hätte. Dann wäre er in die Schweiz gekommen und da wäre es dann auszuhalten gewesen. Und niemand, der es nicht erlebt habe, könne wissen, wie früh sexuelle Quälereien beginnen würden. Erpressung. Er nannte das Erpressung. Sexuelle Erpressung. Er sprach oft davon.

Er deutete das nur an, aber er sprach oft davon. Wenn ihre Eltern fragten, was sie denn da mache. In ihrem Job da. Sie erzählte dann nur von der Homepage, und dass sie da alles anwenden könne, was sie bei dem Kurs für Webdesign am Hunter College gelernt habe und dass die Ausgaben für den Kurs damit fast schon abgedeckt waren und dass sie froh war, nicht mehr in dieser Bäckerei arbeiten zu müssen. Das war nur stressig gewesen und sie hatte kaum etwas verdient. Bei Beniamin Morgenthau hatte sie ein eigenes kleines Büro. Sie erzählte dann nicht, dass das Büro in der Wohnung von Beniamin war und dass sie ihn manchmal im Bademantel sehen musste, wenn er sehr spät aufgestanden war und sie schon wieder auf dem Weg zum College war. Beniamin schlief nicht. Beniamin schlief in der Nacht nicht. Beniamin schlief erst am Morgen. Beniamin begann zu schlafen, wenn sie gerade in Long Island City aus dem Haus ging. Wenn ihr Vater herausfand, dass Beniamin in seinem Zimmer den Gang von ihrem Büro hinunter schlief. Ihr Vater würde ihr diesen Job verbieten müssen. So begann er nur von den Waffenlieferungen Israels an die kurdischen Widerständler zu reden und dass der Schah ein Feigling gewesen war und ein Verräter.

Sie trank den letzten Schluck Kaffee. Der Kaffee war kalt und sie war froh, den teuren Kaffee von »Bergamote« besorgt zu haben. Der Kaffee vom Goldstar Deli war kalt nur noch bitter. Er war bitter und hinterließ eine Bitterkeit auf der Zunge bis spät in den Abend. Sie musste dann Pepsi über diese Bitterkeit gießen, um sie aufzulösen, und sie dachte, sie müsse sich nur gewöhnen. Sie müsse sich nur daran gewöhnen, dass Kaffee bitter schmeckte, und sie musste nur vergessen, dass Kaffee voll und rund und den Mund ausfüllend gut schmecken konnte. Dann konnte sie das Geld für teuren Kaffee sparen. Sie musste sich nur daran gewöhnen, dass sie das Geld für ein gutes College nicht mehr hatte, und dann hätte sie kein schlechtes Gefühl mehr haben müssen. Sie musste lernen, im richtigen Augenblick aufzugeben und sich nicht mehr gegen die Wirklichkeit zu wehren. Sie musste sich so einrichten, dass sie nicht zu viel investiert hatte in ihre Wünsche und deshalb nichts verlieren konnte, wenn etwas nicht möglich war. Sie musste nicht Recht studieren, um eine wertvolle Person zu sein. Sie konnte so leben, wie ihre Mutter das getan hatte. Ihre Mutter war keine hilflose Person. Ihre Mutter hatte genauso Geld verdient wie ihr Vater. Ihre Mutter führte eine gute Ehe. Ihre Mutter hatte ein schweres Schicksal. Ihre Mutter hatte zwei Kinder verloren. Ihre Mutter hatte alles überwunden. Sie lebten in den USA und waren sicher und wurden nicht mehr verfolgt. Ihre Eltern führten ein sinnvolles Leben. Ihre Eltern. Diese beiden Personen. Sie hatten alles gemacht, dass sie in Ruhe aufwachsen hatte können, und sie arbeitete jetzt für eine jüdische Familie und dachte nach, wie das wäre, wenn sie ohne Kopftuch herumgehen würde. Diesen Skandal. So einen Skandal. Das gab es immer wieder. Immer wieder ging eine der Töchter davon und trug das Kopftuch nicht mehr. Die Familien kamen dann zusammen und es wurde darüber gejammert, wie dieses Land die Kinder verderbe. Am Ende war es allen am liebsten, es wurde nicht darüber gesprochen. Es wurde alles verschwiegen. Was sollten die Eltern auch tun. Es konnte niemand zurück. Sie selbst hatte das Gefühl, wenn sie aus dem Haus ging, dass sie aus der einen Welt in eine ganz andere geriet. Dass sie mit der Subway auf einen anderen Planeten fuhr. Zu Hause kam sie nicht auf solche Ideen. Hier. Vor der Aussicht auf New Jersey. Alles fühlte sich vollkommen anders an. Das war etwas, was ihre Eltern nicht verstehen würden. Für die war das nicht so. Die nahmen sich überall hin selber mit. Sie hatte manchmal den Eindruck, sie verwandelte sich und manchmal ließ sie sich zurück. Es war alles immer anders angeordnet und sie verstand es selber nicht, dass sie eine Person werden konnte, für die es kein Problem war, dass Beniamin im Bademantel über den Gang stolperte. Ihre Eltern hatten sich schon gewundert, dass sie auf eine Anfrage im Internet diesen Job bekommen hatte. Das mit dem Deutsch. Das hatten sie dann verstanden. Aber den Job selber. Was sie da machte. Das war alles eine ganz andere Welt. Das war alles weit weg von zu Hause und bis jetzt hatte sie nicht gelogen. Sie hatte nur nicht alles erzählt, aber sie hatte nicht gelogen.

Wenn sie aber nun mit Nathan ausging. Wenn sie mit Nathan nicht nur in der Bibliothek saß und mit ihm flüsterte und in der Lobby einen Tee trank. Mit Nathan trank sie nur Tee. Sie hatte Nathan gesagt, dass sie nur Tee trinken dürfe. Kaffee wäre in ihrer Familie nicht zugelassen. Das war eine Lüge gewesen und sie wusste gar nicht, warum sie gelogen hatte. Sie musste jetzt den Tee trinken und den Kaffee heimlich. Sie konnte über den Job hier zu Hause nichts sagen. Sie konnte mit Beniamin alles besprechen, aber dann machte seine Mutter wieder eine von diesen Bemerkungen und er lächelte nur.

Sie schaute hinaus.

Inhalt

Marlene Streeruwitz

Entfernung.
31 Abschnitte
Roman
Band 17077

Jessica, 30.
Roman
Band 16136

Kreuzungen.
Roman
Band 18096

Lisa's Liebe.
Romansammelband.
Band 14756

Majakowskiring.
Erzählung
Band 17182

morire in levitate.
Novelle
Band 16578

Nachwelt.
Ein Reisebericht.
Roman
Band 15046

Norma Desmond.
A gothic SF-Novel.
Band 15502

Partygirl.
Roman
Band 16096

Verführungen.
Roman
Band 15619

Waikiki Beach.
Und andere Orte.
Die Theaterstücke.
Band 14693

Fischer Taschenbuch Verlag

fi 555 032 / 4

»Aber die Erinnerung davon.«
Materialien zum Werk von Marlene Streeruwitz
Herausgegeben von
Jörg Bong, Roland Spahr und Oliver Vogel
Band 16987

Der Sound von Marlene Streeruwitz, ihre Geschichten und Figuren, die messerscharfen Gedanken und Beobachtungen sind aus der deutschsprachigen Literatur nicht mehr wegzudenken. In diesem Materialienband werden die Hintergründe ihres Werks, die Formen und Stoffe weiblichen Schreibens und die Zugriffe der Literaturkritik ausgelotet und in Originalbeiträgen dargestellt.

Fischer Taschenbuch Verlag

fi 16987 / 1

Marlene Streeruwitz

Gegen die tägliche Beleidigung.

Vorlesungen.

192 Seiten. Gebunden

Marlene Streeruwitz übersetzt in einem Streifzug durch Texte der Hochkultur und des Trivialen diese Texte ins Wörtliche und kommt so der Architektur der Macht auf die Spur. Das ist eine leidenschaftliche Reise mit Hilfe von Verlangsamung und Untertönung, die Frage entlang, wie die Erzählung von der Macht weitergegeben wird. Das Ergebnis ist eine vorsichtige Eroberung ertragbarer Unsicherheiten und die Erkenntnisse daraus.

Der Band versammelt Vorlesungen und Vorträge aus den Jahren 2000 bis 2004.

S. Fischer

fi 1-074428 / 1